19張交通票券×21條行程規劃
1～2日食購玩樂一次串聯
新手也能省錢省力暢遊大關西

一張PASS 玩遍京阪神

THEME 62

19張交通票券×21條行程規劃
1～2日食購玩樂一次串聯
新手也能省錢省力暢遊大關西

一張**PASS**
玩遍**京阪神**

本書所提供的各項可能變動性資訊，如交通、時間、價格、地址、或網址，係以2024年9月前所收集的為準；但此類訊息經常異動，正確內容請以官網或當地即時資訊為主。

目錄

無敵鐵道通行證

廣域周遊券 關西地區大縱走

關西地區，除了大家熟知的京都、大阪以外，還有滋賀縣、奈良縣、和歌山縣、三重縣、兵庫縣等地區，範圍廣大，往來的交通方式也各有不同，常會讓人看得頭昏眼花。如果想一卡在手就交通暢行無阻，一定要看看本篇介紹的四種關西地區廣域周遊券，使用範圍與乘車種類不一，但唯一共通點，就是絕對省！省！省！以京阪神為出入據點旅行，想要玩得遠、玩得多，那就一定得入手一張廣域周遊券，讓你輕鬆就能來趟最划算的鐵道旅行。

JR西日本
JR關西廣域
鐵路周遊券
P.6
JR西日本
JR伊勢 熊野 和歌山
地區周遊券
P.14
多家合作
關西
鐵路卡
P.16
近鐵
近鐵電車
五日周遊券
P.20

JR西日本

新幹線、電車、巴士自由區間　須攜帶護照

外國人限定

前往關西近郊最超值通票

上山下海都靠這張

JR關西廣域鐵路周遊券

JR Kansai WIDE Area Pass

JR關西廣域鐵路周遊券6條日歸行程任你組合！

JR關西廣域鐵路周遊券範圍廣大，從**京阪神到近郊各縣**都包含在內，如果你在旅程中計畫前往滋賀、和歌山、鳥取、岡山等地，這張票絕對是首選！除了新大阪至岡山區間的山陽新幹線，普通列車、特急列車的自由座與指定席更是無限搭乘，還可租借「Ekirin Kun」的自行車。十分適合以京阪神市中心作為住宿地點，每天至近郊來趟**日歸行程**。

試驗 JR-WEST RAIL PASS
(Kansai WIDE Area Pass)
2017.11.17~2017.11.21
YEAR-MONTH-DAY
(関西ワイドエリア 5日間用)
·Only the signer can use this ticket.
·You can use automatic ticket gates.
567 -87
¥9000(A)
29.11.17 大阪駅F20 (4-) 40032-01 C00

官方介紹網站

www.westjr.co.jp/global/tc/ticket/pass/kansai_wide/

連續5天
12,000円
6-11歲兒童半價

買了這張票超有感……

- ◎超級節省旅費！光是往近郊的列車來回坐一趟就回本！
- ◎使用路線廣，著名觀光地全都能輕鬆到達！
- ◎也可以搭乘機場特急HARUKA，抵達機場立刻就能使用！
- ◎預約指定席不限次數，熱門列車不怕沒位子！

購買票券

◎購買資格：持**短期停留**簽證的外國旅客。

◎購買方法：

(1)於**台灣代理店**購買紙本兌換券或電子票券，到日本後，至指定車站綠色售票機或觀光服務處「兌換」。紙本兌換券或電子票券發行後，須於發行日起3個月內兌換完畢。

(2)於**JR西日本官網**預訂，到日本後，至指定車站綠色售票機或綠色窗口「領取」。於綠色窗口領取時須出示護照以及預定時使用的信用卡。

◎使用期間：指定日期起連續5天。

◎兌換/領取地點：

(1)兌換處：關西機場、大阪站、新大阪站、新大阪觀光服務處、日本旅行TiS大阪分店、京都站、日本旅行TiS京都分店、福知山站、三之宮站、日本旅行TiS三之宮分店、奈良站、和歌山站、鳥取站、岡山站、高松站、JR四國旅行社高松分店。

(2)領取處：關西機場、大阪站、新大阪站、新大阪觀光服務處、京橋站、天王寺站、新今宮站、JR難波站、西九條站、京都站、宇治站、福知山站、敦賀站、三之宮站、神戶站、新神戶站、姬路站、奈良站、和歌山站、鳥取站、岡山站、高松站。

若是沒有要從機場就開始使用，建議可以至市區再兌換或領取票券。因為機場總是排隊人潮滿滿，很浪費時間呀！

如何使用票券

◎取得票券後先核對資料有無錯誤。

◎搭乘時請走自動剪票通道，將票券插入機器，通過後再取回票券。使用期限中只要出示該票券即可自由進出車站、搭乘該票券能坐的車種，不需另外購票。

◎若是需要搭乘山陽新幹線、特急列車的指定席，可至各車站的綠色售票機或綠色窗口使用票券預約座位，**免費取得指定券**，若沒有指定券只能搭乘自由席。預約指定席不限次數，但第七次起只能於綠色窗口預約。於官網訂購的票券可自乘車時間1個月前於官網預約座位。若想搭乘1等車廂或A-Seat車廂，則需另購票券。

◎攜帶「3邊合計超過160公分，250公分以內」的行李乘坐山陽新幹線時，須提前預訂「特大行李放置處附帶席」

◎「Ekirin Kun」自行車租借限12歲以上可使用，無法事前預約，限當日租借歸還，租借車種為「26吋輕便自動車」。

◎票券僅限持有者本人使用，使用時須隨身攜帶護照，驗票時一同出示。

◎兌換後的票券無法變更使用期間，票券遺失、破損不再補發，也不能退費。

使用範圍

山陽新幹線（新大阪～岡山）、JR西日本鐵路（區間）、丹後鐵道全線、和歌山電鐵全線、智頭急行（上郡～智頭）、西日本JR巴士（京都市內、若江線）、區域間的「Ekirin Kun」自行車租借

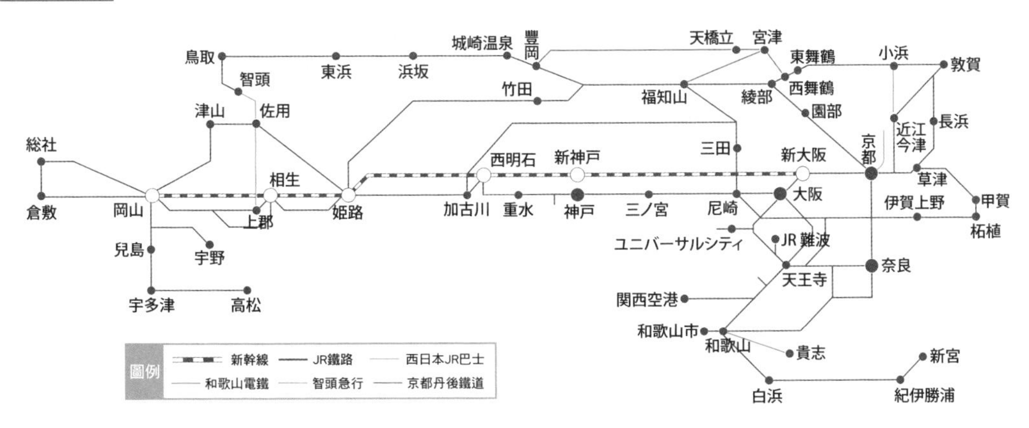

※無法使用此票券搭乘丹後鐵道觀光列車「黑松號」。若要搭乘觀光列車「赤松號」，此票券可抵用車資，但還需另購乘車整理券。

※可於新大阪、茨木、塚本、西九條、神戶、明石、相生、岡山、鳥取、鴻池新田、星田、奈良、石山、近江八幡、彥根、米原、和歌山、白濱各站的「駅リンくん」租借自行車。

※「希望（NOZOMI）」號、「黑潮（KUROSHIO）」號、「城崎（KINOSAKI）」號、「東方白鸛（KONOTORI）」號、「舞鶴（MAIZURU）」號、「橋立（HASHIDATE）」號、「濱風（HAMAKAZE）」號、「らくラクびわこ」號、「らくラクはりま」號、「らくラクやまと」號、「雷鳥(THUNDERBIRD)」號、「白鷺（SHIRASAGI）」號、「超級白兔（SUPER HAKUTO）」號、「超級因幡（SUPER INABA）」號及「八雲(YAKUMO)」號全車均為指定席，如未兌換指定券不可乘車。

※無法搭乘西日本JR高速巴士。

※無法搭乘「新大阪～京都」區間的東海道新幹線。

行程＃1 白浜溫泉 全程省9,220円

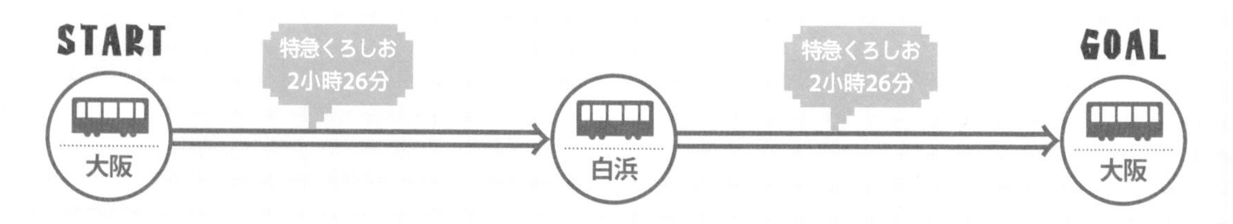

白浜駅搭乘巴士至「とれとれ市場前」站下車

ToReToRe市場

和歌山縣西牟婁郡白浜町堅田2521 8:30~18:30(L.O.17:30)

來到白浜，如果沒有來到とれとれ市場品嚐美味又新鮮的海鮮，可算是一大損失！とれとれ在日文中是「新鮮」的意思，這裡集結全日本的新鮮海產，其中大多產自和歌山沿海。除了用餐、逛市場，還可以去旁邊的「とれとれの湯」泡個溫泉。

白浜駅搭乘巴士至「アドベンチャーワールド」站下車

冒險世界

和歌山縣西牟婁郡白浜町堅田2399 10:00~17:00，不定休(依季節及例假日而異，詳見官網) 一日入園券18歲以上￥5300，65歲以上￥4800，國高中生￥4300，4歲~小學生￥3300

冒險世界是和歌山白浜市最受歡迎的動物園與遊樂園，廣達300萬平方公尺的園區裡有開放感十足的野生動物園區、海豚表演的水上劇場與刺激的雲宵飛車；在野生動物園區裡可選擇搭乘遊園小火車、遊園巴士遊覽，透過車窗與動物近距離親密接觸。

白浜駅搭乘巴士至「湯崎」站下車徒步5分

崎の湯

和歌山縣西牟婁郡白浜町湯崎1668 4~6月、9月8:00~18:00，7~8月7:00~19:00，10~3月8:00~17:00。最終入場為營業時間結束前半小時 ￥300

白浜溫泉代表的「崎の湯」泉質為塩化物泉，是萬葉時代僅存的唯一湯治場（治療病痛的溫泉）。建於海岸邊的崎の湯直接面對太平洋，泡著湯中能夠感受絕對的開放感，那種毫無拘束的感覺只可意會，無法言傳。

白浜駅搭乘巴士至「白良浜」站下車徒步3分

白良浜海水浴場

和歌山縣西牟婁郡白浜町 自由參觀

海面與沙灘在夕陽下染上一層金黃，這裡擁有白浜最誘人的景色，白良浜海水浴場的白色細砂由石英砂岩所形成，被日本政府環境省認定為日本最美的55大海水浴場。每逢夏日，精采的沙灘煙火大會以及沙灘排球賽等活動更是不可錯過。

行程#2 鳥取沙丘

原價14,640円

全程省12,240円

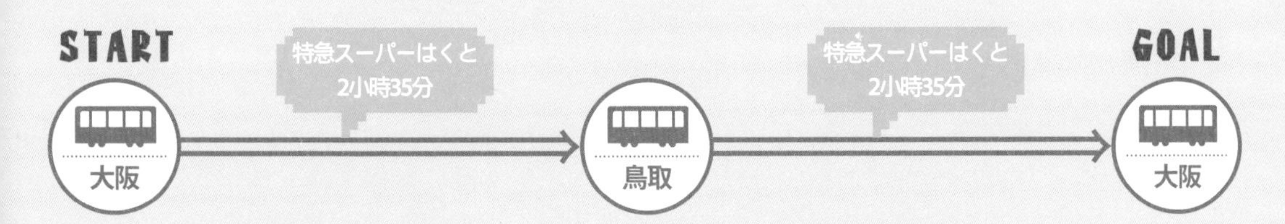

鳥取駅搭乘巴士至「わらべ館前」站下車

わらべ館

鳥取縣鳥取市西町3-202 9:00~17:00 休 每月第3個週三(遇節日順延翌日休)、年末年始，8月無休 成人￥500

わらべ館是以童謠與玩具為主題的兒童館，是1989年鳥取舉辦世界玩具博覽會時所設立。館內展示世界各地的2000餘件玩具，小朋友也可在2樓體驗動手DIY的樂趣，戶外廣場整點還會出現旋轉歌唱的機械人偶，大人小孩都能玩得開心。

鳥取駅搭乘巴士至「砂丘会館前」站下車

砂丘會館

鳥取縣鳥取市福部町湯山2164 9:00~17:00，餐廳11:00~14:00

砂丘會館是砂丘的觀光中心，除了餐廳可品嚐到鳥取的特色美味，也有販賣各種砂丘特產，像是20世紀梨霜淇淋、各種口味的薤，還有最有特色的砂丘蛋，使用砂丘沙子加熱，燜出難忘的鮮蛋滋味。

鳥取駅搭乘巴士至「鳥取砂丘」、「砂丘会館前」等站下車

鳥取砂丘

鳥取縣鳥取市福部町

沙漠、海洋和駱駝，交織出一幅不可思議的畫面。

鳥取大砂丘東西長16公里，最大高低差達到92公尺，是日本規模最大的砂丘，從入口可以看到高高隆起的砂丘稜線稱為「馬之背」，爬到頂端後日本海就完全呈現眼前。夏天的海水浴場、秋天的薤田、冬天的雪景，一年四季都有不同美景。

鳥取駅搭乘巴士至「島めぐり遊覧船のりば前」站下車

浦富海岸

乘船處：鳥取縣岩美郡岩美町大谷2182 3~11月9:30~15:30一小時一班 國中以上￥1500，國小￥750 遊覽船yourun1000.com/

浦富海岸為國立公園之一，有著日本海萬丈波瀾與風雪蝕刻的壯闊景致，建議搭乘遊覽船，在40分鐘的航程中，近距離感受被嚴冬風雪所侵蝕的斷崖絕壁的震撼，船長也會詳細地解說，讓遊客更認識這自然奇景。

行程#3 岡山・倉敷

原價10,000円

全程省7,600円

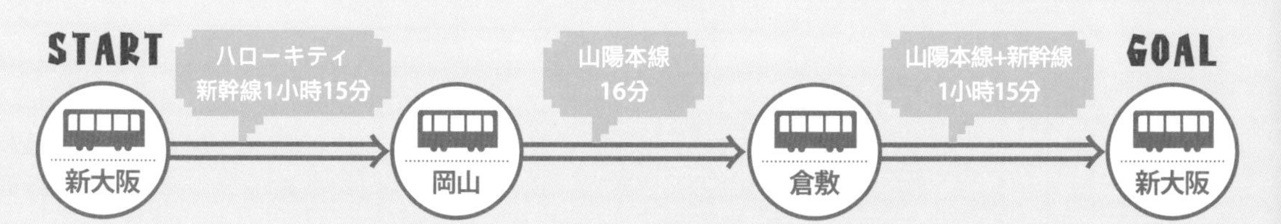

新大阪站
發車

Hello Kitty新幹線

一天一往返。去程博多駅7:04發車，回程新大阪駅11:37發車。不定休，詳見官網 使用PASS可搭乘自由座，若要搭乘指定席須提前劃位取得指定券

從新大阪前往岡山不妨搭乘熱門的Hello Kitty新幹線，1號車廂HELLO! PLAZA是專門販售紀念品的地方，2號車廂KAWAII! ROOM則是有滿滿Kitty陪伴的自由座車廂，若想搭乘要早點到月台排隊。如不想遷就發車時間，也可以選擇搭乘一般新幹線，車程約可縮短20分鐘。

岡山駅搭乘巴士至
「後樂園前」站下車

後樂園

岡山市北區後樂園1-5 3/20~9/30 7:30~18:00，10/1~3/19 8:00~17:00，入園至閉館前15分 15~64歲(不含國高中生)￥500，65歲以上￥200，高中生以下免費；後樂園・岡山城共通券￥720

與水戶的偕樂園、金澤兼六園同時並列為日本三大名園之一的岡山後樂園於1700年完工，占地約有4萬坪的翠綠庭園，腹地四周被水道所環繞，從正門進入之後，可以看到別稱「烏城」的岡山城景，不妨買張後樂園・岡山城共通券，一次遊歷兩處名所。

倉敷駅南口
徒步約10分

倉敷川遊船

岡山縣倉敷市中央1-4-8 9:30~17:00，每30分鐘一班，12:00~13:00休息 休 3~12月第2個週一(遇假日照常營業)，1~2月平日、年末年始 大人￥700，5歲~小學生￥350；乘船券販售請洽倉敷館觀光案內所

這座因運河而興的小鎮，水運倉儲深深影響其人文風貌與建設，商賈氣息浸潤常民生活積累演化成獨具韻致的邊城情懷。來到倉敷，最佳的遊覽方式便是坐上輕舟沿運河一遊，親身感受流瀉於歷史間的人間情感。

倉敷駅南口
徒步約15分

桃太郎博物館

岡山縣倉敷市本町5-11 10:00~17:00 成人￥600，小學~高中生￥400，5歲以上￥100

傳說桃太郎的故事背景就在岡山，桃太郎博物館便是以桃太郎故事為基礎，透過許多相關介紹及各種有趣的互動小機關，顛覆我們的日常感觀。館內還有一處以鬼島為主軸的探險洞窟，走進漆黑的空窟中不知道惡鬼何時會撲出，充滿刺激感。

行程#4 姬路·城崎溫泉

原價12,950円

全程省1,0550円

姬路駅搭乘巴士至
「姬路城大手門前」站下車徒步6分

姬路城

兵庫縣姬路市本町68 9:00~17:00，夏季至18:00，結束時間前1小時停止入城 休12/29、12/30 $成人¥1000，國小~高中¥300；姬路城・好古園共通券成人¥1050，國小~高中¥360

姬路城因為有著白漆喰（抹牆用的灰泥）所塗刷的白壁，所以有白鷺城的美稱。建在姬山上的姬路城從山腳到天守閣頂端，有海拔92公尺高，是非常重要的軍事要塞，其複雜迂迴的防禦性城廓設計，使姬路城更是易守難攻。若要由外緣到城內都全程走完大約需要三小時，不過能與珍貴的世界遺產近距離接觸絕對值得。

姬路駅搭乘巴士至
「姬路城大手門前」站下車徒步9分

好古園

兵庫縣姬路市本町68 9:00~17:00，入園至16:30 休12/29、30 $18歲以上¥310，小學生~高中生¥150；姬路城 好古園共通券18歲以上¥1050，小學生~高中生¥360

好古園的舊址原為姬路城主的外苑及家臣的房屋所在地，德川幕府時更曾有城主神原政岑為名妓贖身，在這兒金屋藏嬌。借景姬路城為背景的好古園，於平成4年（西元1992年）開園，由九座風情殊異的花園所組成，小橋流水、春櫻秋楓，景色典雅宜人。

城崎溫泉駅下車即達
最遠處徒步約15分

7大外湯巡遊

kinosaki-spa.gr.jp/about/spa/

古名為「但馬溫泉」的城崎溫泉，擁有一條風情濃濃的溫泉街，街上最大賣點就是七個「外湯」（公共浴場），外觀造型、溫泉設施、功效各有不同，租借浴衣，在充滿輕煙的柳樹小徑中漫步，享受別具風情的的溫泉鄉體驗。

城崎溫泉駅
徒步15分

城崎ジェラートカフェChaya

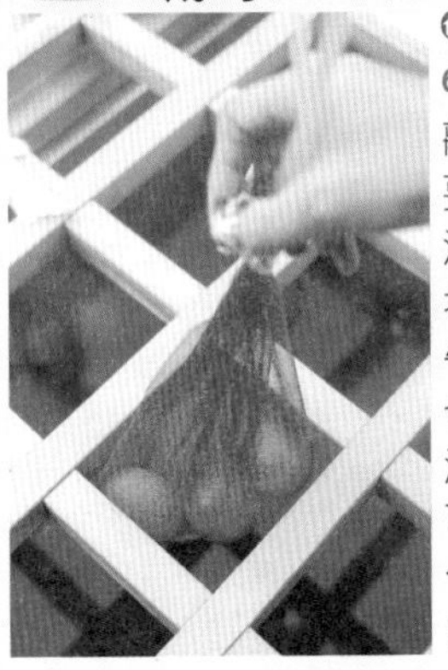

兵庫縣豊岡市城崎町湯島642 9:30~17:30 休週四

離開城崎溫泉前，一定要來位在鴻の湯前的元湯旁的小木屋，嚐嚐以城崎名物的螃蟹、但馬牛所製成的肉包！店裡也販售手作的義式冰淇淋，喜歡溫泉蛋的人也可以在此購入生蛋，到一旁親自利用溫泉水煮出溫泉蛋。

行程＃5 敦賀·舞鶴

原價8,340円

全程省5,940円

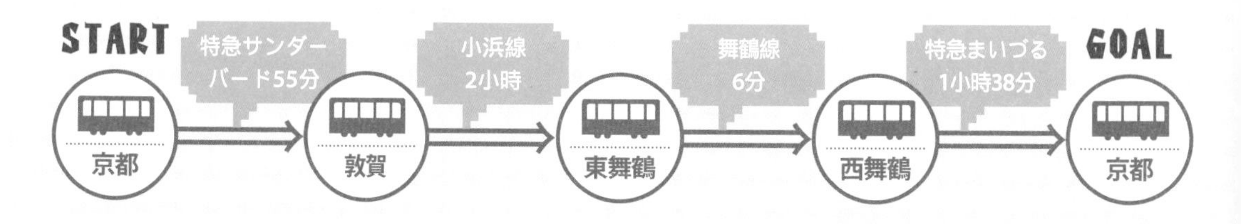

敦賀駅
徒歩15分

氣比神宮

⌂敦賀市曙町11-68 ◷4~9月5:00~17:00，10~3月6:00~17:00

日本的神社中，「神宮」是最高的存在，由於敦賀良港是早期北陸對朝鮮、中國的玄關口，因此氣比神宮被喻為「北陸道總鎮守」，顯示其地理位置的重要性。位在入口的大鳥居是這裡的象徵，被喻為日本三大鳥居之一，有幸逃過戰火，經過多次修復、朱塗，至今仍閃耀著神宮光輝，是國家重要文化財。

敦賀駅搭乘巴士至「松原海岸」站或「気比の松原」站下車

氣比松原

⌂敦賀市松島町

氣比松原是位在敦賀灣的一處長滿青松的白色沙灘，傳說是在一千多年前的奈良時代，突然在一夜之間出現，與靜岡縣的三保松原、佐賀縣的虹之松原並列為日本三大松原。長達1.5公里的沙灘邊茂密的赤松與黑松，形成寶貴的天然涼蔭。

東舞鶴駅搭乘巴士至「市役所前」站下車

舞鶴紅磚公園

⌂京都府舞鶴市字北吸1039-2 ◷9:00~17:00

舞鶴作為軍港發展造就了當地特殊的人文風情，港邊的紅磚倉庫建造於明治至大正時代，曾是海軍所屬，平成24年（西元2012年）則改建成博物館、市政紀念館、餐廳、物產店，後方還有軍事迷不可錯過的舞鶴港遊覽船，一天僅開3~6班次，如果想搭乘記得要先查好時間！

西舞鶴駅搭乘巴士至「とれとれセンター前」站下車

舞鶴港海鮮市場

⌂京都府舞鶴市字下福井905 ◷平日9:00~17:00，周末~18:00 ㊡週三、不定休，詳見官網

舞鶴港海鮮市場裡有一般的海產、土特產，也有餐廳提供美味料理。這裡最大的特色就是可以買碗白飯、味噌湯，端到市場裡直接請店家把海鮮放在你的碗裡，變成最鮮的海鮮丼！

行程＃6 琵琶湖東岸

原價2,680円

全程省280円

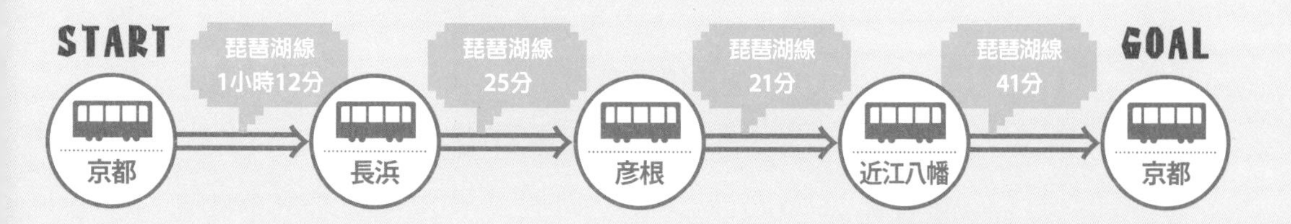

長浜駅
徒步13分

黑壁玻璃館

滋賀縣長浜市元浜町12-38 黑壁一號館 10:00~17:00

黑壁玻璃館原為建於1900年的黑壁銀行。二十多年前，黑壁銀行面臨拆除危機，對這棟建築懷有深厚情感的地方人士一同提出舊空間再利用計畫。之後不但成功保存了黑壁銀行這棟建築，更以此為起點，將三十餘間老房子再造成黑壁廣場，成為琵琶湖北面最受歡迎的觀光地。

彦根駅
徒步15分

彦根城

滋賀縣彦根市金亀町1-1 8:30~17:00 彦根城・玄宮園成人￥1000，國中小學生￥300（2024年10月1日起）

彦根城的天守建於小丘山頂，從天守頂樓眺望四周城市和琵琶湖的景觀視野，絕對讓人感到驚艷。在明治時期下了廢城令，當時彦根城原本也在廢城清單中，後經過幾番遊説之後終於得以保存下來，現在更成為日本5座國寶城的其中之一。

近江八幡駅搭乘巴士至「八幡堀
八幡山ロープウェー口」站下車

八幡堀

滋賀縣近江八幡市

寬廣的人造護城河邊，是垂柳、櫻花、石疊小路和黑瓦白壁的古老建築，令人彷佛回到江戶時代——近江八幡的代表風景八幡堀，是豐臣秀次建於1585年的護城河。河道連結琵琶湖和市區，除了防衛更有運輸功能，為近江八幡帶來了貿易與繁榮。

近江八幡駅搭乘巴士至
「大杉町」站下車

日牟禮八幡宮

滋賀縣近江八幡市宮内町257

位於八幡山麓的日牟禮八幡宮創建年代可以追溯到千年以前，最早為祭祀地主神的古社，之後作為近江商人的信仰中心而備受崇敬。神社內古木參天，氣氛幽靜，而每年3、4月在此舉行的兩大火祭「左義長祭」與「八幡祭」也相當知名。

電車、巴士自由區間

須攜帶護照

JR伊勢熊野和歌山地區周遊券

Ise-Kumano-Wakayama Area Tourist Pass

紀伊半島一券包辦

從名古屋玩到大阪

從名古屋到大阪，正著玩、反著玩都可以！這張票券涵蓋名古屋、奈良、三重、和歌山與大阪，可以**玩遍整個紀伊半島**，除了可自由搭乘區域內的JR及伊勢鐵道的自由座，也能搭乘和歌山電鐵和三重、熊野區域的部分巴士路線，還可**免費搭乘6次指定席**。

連續5天

16,500円

6-11歲兒童半價

購買票券

◎購買資格：持**短期停留**簽證的外國旅客。

◎購買方法：

(1)於**台灣代理店**購買，至日本後再持兌換券「兌換」車票。購買後須於發行日起90天內兌換完畢。

(2)於**JR西日本官網**預訂，至日本後再「領取」車票

(3)於**日本購買**

◎使用期間：指定日期起連續5天。

◎取票地點：

可兌換、領取、購買處：

(1)東京、品川、新橫濱、小田原、熱海、三島、新富士、靜岡、掛川、濱松、豐橋、三河安城、名古屋、新大阪各站的JR東海售票處

(2)京都、新大阪、大阪、關西機場各站的JR西日本售票處

僅可兌換、購買處：

(1)東京、新橫濱、濱松、名古屋、京都、新大阪各站的JR東海TOURS

(2)大阪站的日本旅行 TiS 大阪分店(Travel Service Center OSAKA)

(3)中部國際機場的Central Japan Travel Center

如何使用票券

◎取得票券後先核對資料有無錯誤。

◎搭乘時請走自動剪票通道，將票券插入機器，通過後再取回票券。使用期限中只要出示該票券即可自由進出車站、搭乘該票券能坐的車種，不需另外購票。

◎若要搭乘範圍內列車的指定席，可至各車站的綠色售票機或綠色窗口使用票券預約座位，可**免費取得指定券6次**，若沒有指定券只能搭乘自由席。於官網訂購的票券可自乘車時間1個月前於官網預約座位。若想搭乘1等車廂或A-Seat車廂，則需另購票券。

◎「Ekirin Kun」自行車租借限12歲以上可使用，無法事前預約，限當日租借歸還，租借車種為「26吋輕便自動車」。

◎票券僅限持有者本人使用，使用時須隨身攜帶護照，驗票時一同出示。

◎票券遺失、破損不再補發，也不能退費。

使用範圍

JR西日本鐵路（區間）、伊勢鐵道全線、和歌山電鐵全線、三重交通巴士（區間）、熊野御坊南海巴士（區間）、區域間的「Ekirin Kun」腳踏車租借

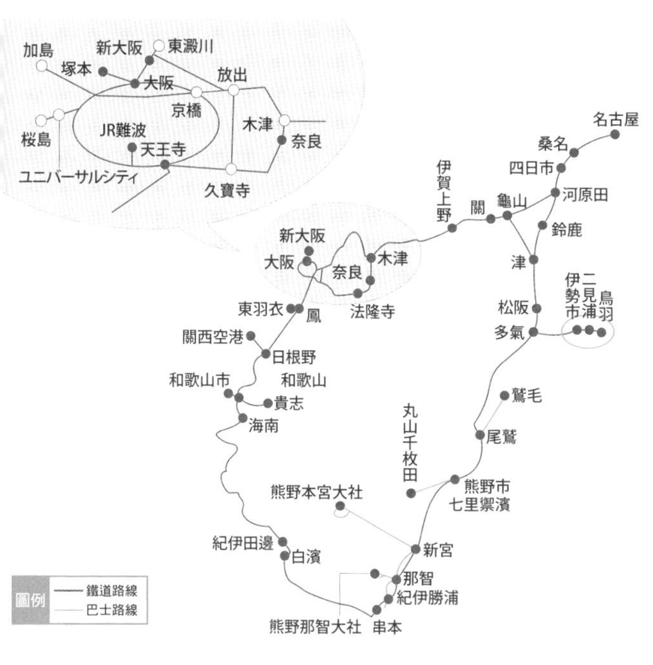

※可於和歌山站、白濱站的「駅リンくん」租借自行車。
※「黑潮（KUROSHIO）」號全車均為指定席，如未兌換指定券不可乘車。

官方介紹網站

tourristpass.jp/zh-tw/ise_kumano/

建議行程

DAY 1

中部國際機場
↓ 名古屋鐵道（無法使用票券）
名古屋

DAY 2

名古屋
↓ JR快速みえ
鈴鹿
↓ JR快速みえ
松阪
↓ JR快速みえ
伊勢市

DAY 3

伊勢市
↓ JR参宮線
鳥羽
↓ JR参宮線至多氣站轉JR紀勢本線
新宮
↓ JR紀之國線
紀伊勝浦

DAY 4

紀伊勝浦
↓ 特急くろしお
白浜
↓ 特急くろしお
和歌山
↓ 和歌山電鐵貴志川線
貴志
↓ 和歌山電鐵貴志川線至和歌山站轉特急くろしお
大阪

DAY 5

大阪
↓ JR大阪環狀線至天王寺站轉JR大和路線
奈良
↓ JR大和路線至天王寺站轉特急HARUKA
關西機場

關西鐵路卡
KANSAI RAILWAY PASS

旅日新手達人都超愛

關西地區無限轉乘超自由

只要一張卡，就可以自由搭乘關西地區的地下鐵及私鐵，範圍擴及京阪、神戶、姬路、奈良、和歌山及滋賀地區，抵達關西機場後即可使用南海電鐵直達市區，而且不須連日使用，憑票券還能在各景點、店家享有優惠，無論初次來關西想探訪市區景點，或想到關西郊區深度旅遊都很適合。

2日 **5600円**

3日 **7000円**

6-11歲兒童半價

官方介紹網站

www.surutto.com/kansai_rw/zh-TW/krp.html

購買票券

◎購買資格：持短期旅遊簽證的外國旅客。

◎購買方法：可以在台灣代理店內購買，至日本後再持券換車票。也可以抵達日本後直接購買，每人限購3張。

◎使用期間：當年3/1~隔年3/31購買的票券，有效期間為當年4/1~隔年5/31。購買票券後，依購買券別**期間內任選**2或3天有效，使用日期不須連續。

◎兌換地點：

(1)關西國際機場的關西旅客資訊中心、LIMON Welcome Desk、HANATOUR JAPAN。

(2)EDION難波本店8樓、Laox心齋橋店、Laox大阪道頓堀店，以及SUGI藥局心齋橋店、難波御堂筋店、KITTE大阪店、LINKS UMEDA店。

(3)難波、天王寺、梅田各站Osaka Metro定期券售票處，Osaka Metro新大阪諮詢櫃台。

(4)京都総合観光案内所「京なび」、京都關西旅客資訊中心。

◎特典：享有關西地區將近200處景點、店家的優惠折扣，詳見官網。

如何使用票券

◎取得票券後先核對資料有無錯誤。

◎搭乘時請走自動剪票通道，將票券插入機器，通過後再取回票券。部分車站沒有適用的自動剪票機，每日初次乘車前請用油性黑筆填寫票券背面的「利用月日」，並出示票券背面給站務人員看；使用期限中只要出示該票券即可自由進出車站、搭乘該票券能坐的車種，不需另外購票。

◎只能搭乘自由座。若要搭乘指定席，需另外購買指定席券。

◎票券遺失、破損不再補發，也不能退費。

外國人限定 須攜帶護照

區域內地下鐵及私鐵 + 設施折扣

使用範圍

Osaka Metro全線、大阪單軌電車全線、北大阪急行電鐵全線、阪堺電車全線、近畿日本鐵道區間、阪急電鐵全線、阪神電車全線、神戶高速線全線、神戶市營地鐵全線、神戶電鐵全線、神戶新交通全線、山陽電車全線、南海電鐵全線、泉北高速鐵道全線、能勢電車全線、水間鐵道全線、京阪電車全線、京都市營地鐵全線、叡山電車全線、比叡山坂本登山車全線、水間鐵道全線

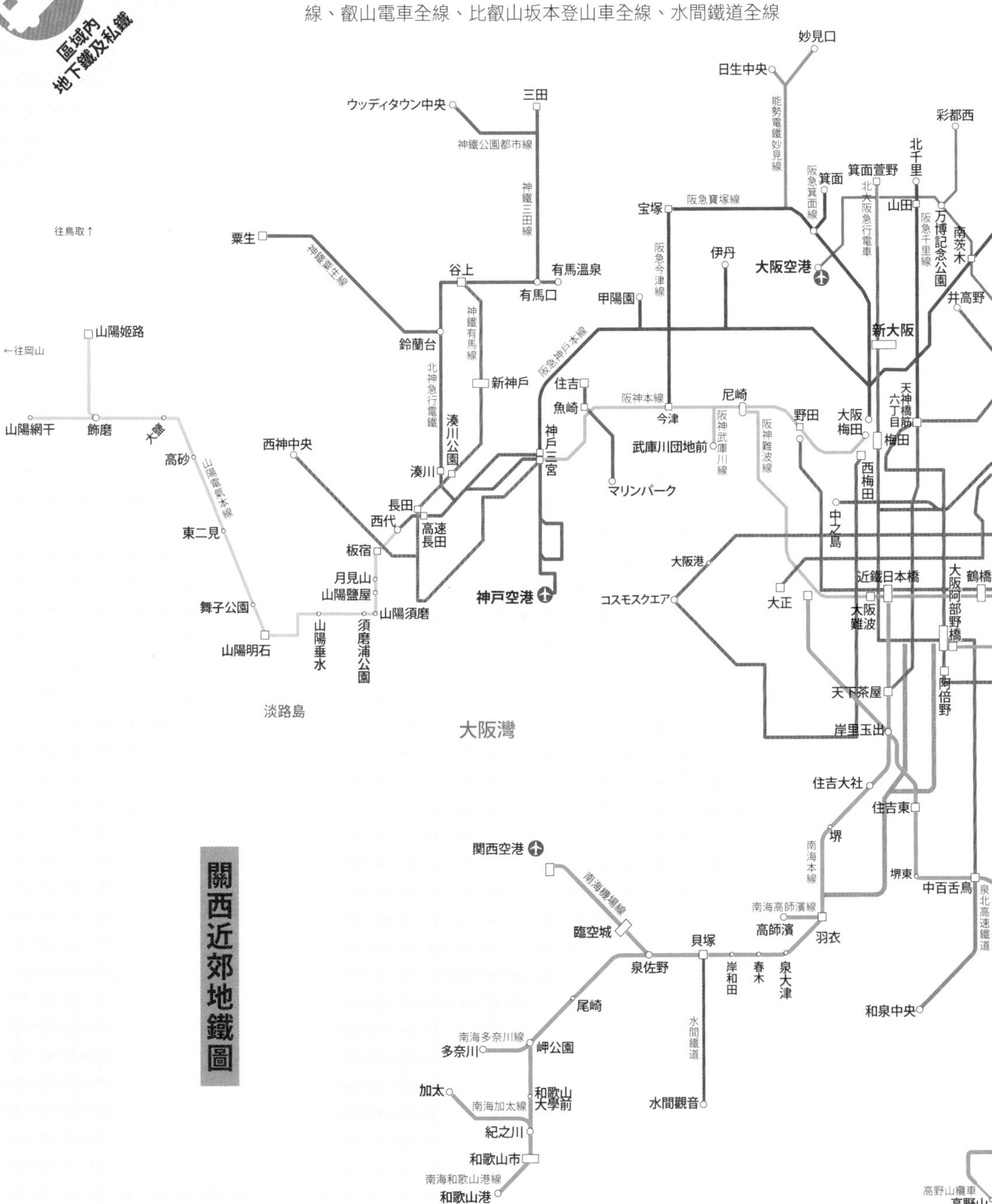

關西近郊地鐵圖

關西鐵路卡＋3日建議行程

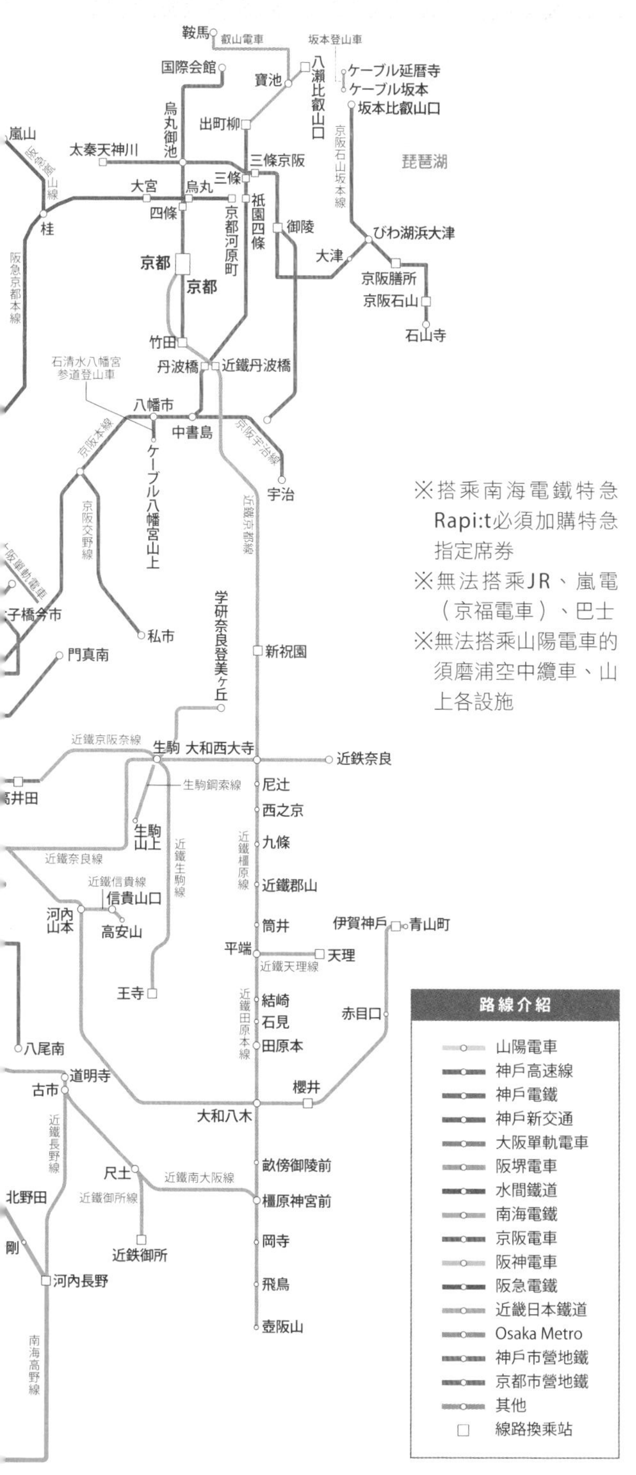

※搭乘南海電鐵特急Rapi:t必須加購特急指定席券

※無法搭乘JR、嵐電（京福電車）、巴士

※無法搭乘山陽電車的須磨浦空中纜車、山上各設施

路線介紹

- 山陽電車
- 神戶高速線
- 神戶電鐵
- 神戶新交通
- 大阪單軌電車
- 阪堺電車
- 水間鐵道
- 南海電鐵
- 京阪電車
- 阪神電車
- 阪急電鐵
- 近畿日本鐵道
- Osaka Metro
- 神戶市營地鐵
- 京都市營地鐵
- 其他
- □ 線路換乘站

建議行程

DAY 1

關西機場
↓ 南海電鐵空港線至難波站轉阪神難波線
神戶三宮
↓ 阪神本線
大阪梅田
↓ Osaka Metro御堂筋線
心齋橋
↓ Osaka Metro御堂筋線
難波

DAY 2

大阪難波
↓ 近鐵奈良線
生駒
↓ 近鐵奈良線
奈良
↓ 近鐵京都線
京都

DAY 3

京都
↓ 烏丸線至四條站轉阪急京都線
祇園四條
↓ 京阪本線
伏見稻荷
↓ 京阪本線至中書島站轉京阪宇治線
宇治

外國人限定 須攜帶護照

近鐵、伊賀鐵道全線 + 設施折扣

近鐵電車五日周遊券

KINTETSU RAIL PASS

橫跨大阪至名古屋

近鐵全線跑透透

利用此票券可不限次數自由搭乘近鐵電車全線及伊賀鐵道全線，**橫跨大阪、奈良、京都、三重至名古屋**，能暢遊沿線各個知名景點，憑票券還能在各景點、店家享有優惠。另有販售PLUS版，多了指定區域內的奈良交通巴士與三重交通巴士可以任意搭乘。

連續5日 **4500円**

PLUS版 **5700円**

6-11歲兒童半價

購買票券

◎購買資格：持**短期旅遊簽證**的外國旅客。

◎購買方法：可以在台灣代理店內購買，至日本後再持QR Code換車票。也可以抵達日本後直接購買，**在日本購買價格會貴200円**。

◎使用期間：自使用日起連續5天。

◎兌換地點：難波、上本町、阿部野橋、京都、近鐵奈良、名古屋各站的特急券售票機

如何使用票券

◎取得票券後先核資料有無錯誤。

◎搭乘時請走自動剪票通道，將票券插入機器，通過後再取回票券。部分車站沒有適用的自動剪票機，搭乘時請走有站務人員的出入口，並出示票券，第一次使用時站務員會蓋上日期戳章。使用期限中只要出示該票券即可自由進出車站、搭乘該票券能坐的車種，不需另外購票。

◎**無法搭乘特急列車**。若要搭特急列車，需另外購買特急券。

◎票券僅限持有者本人使用，使用時須隨身攜帶護照，驗票時一同出示。

◎票券遺失、破損不再補發，也不能退費。

官方介紹網站

www.kintetsu.co.jp/foreign/chinese-han/ticket/

使用範圍

近鐵電車全線
伊賀鐵道全線
生駒、西信貴登山車

※無法搭乘葛城山纜車。
※近鐵與京都市營地鐵、Osaka Metro、阪神電車皆有直通運轉（不須轉乘直接連接到其他鐵路路線），但超出近鐵的範圍無法使用此票券

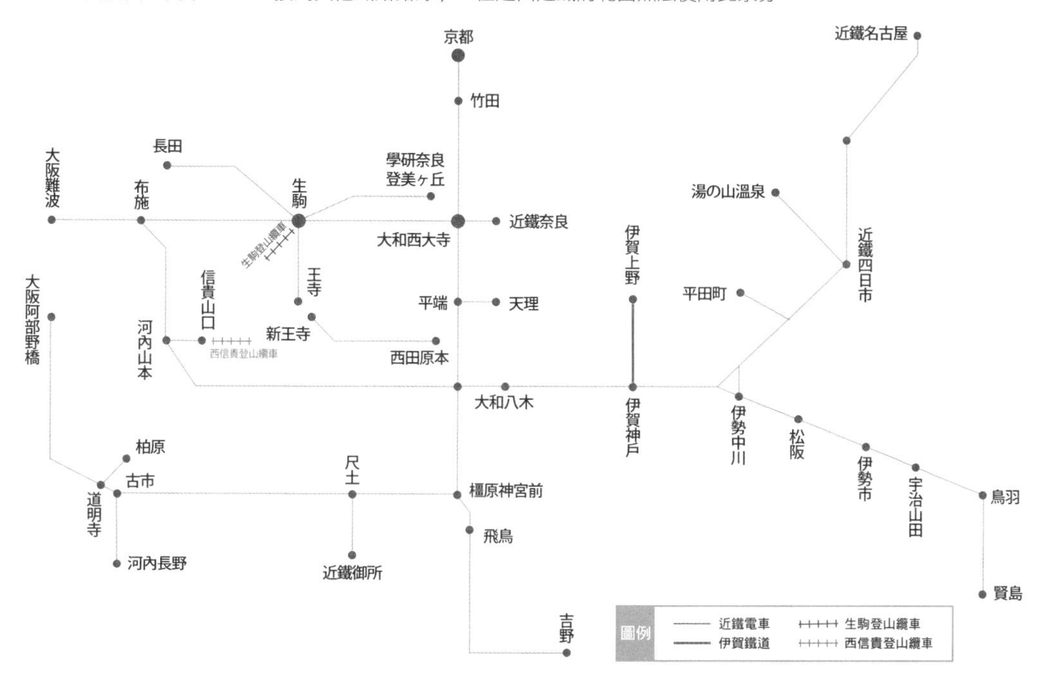

建議行程

DAY 1

大阪難波
↓ 近鐵奈良線
近鐵日本橋
↓ 近鐵奈良線
生駒
↓ 近鐵奈良線至大和西大寺站轉京都線
京都

DAY 2

京都
↓ 近鐵京都線至大和西大寺站轉奈良線
奈良

DAY 3

奈良
↓ 近鐵奈良線至大和西大寺站轉橿原線，至橿原神宮前站轉吉野線
吉野
↓ 近鐵吉野線至橿原神宮前站轉橿原線，至大和八木站轉大阪線
伊賀神戶
↓ 伊賀鐵道
上野市

DAY 4

上野市
↓ 伊賀鐵道至伊賀神戶站轉近鐵大阪線
伊勢市
↓ 近鐵山田線
鳥羽
↓ 近鐵志摩線
賢島

DAY 5

賢島
↓ 近鐵志摩線至伊勢中原站轉名古屋線
近鐵名古屋

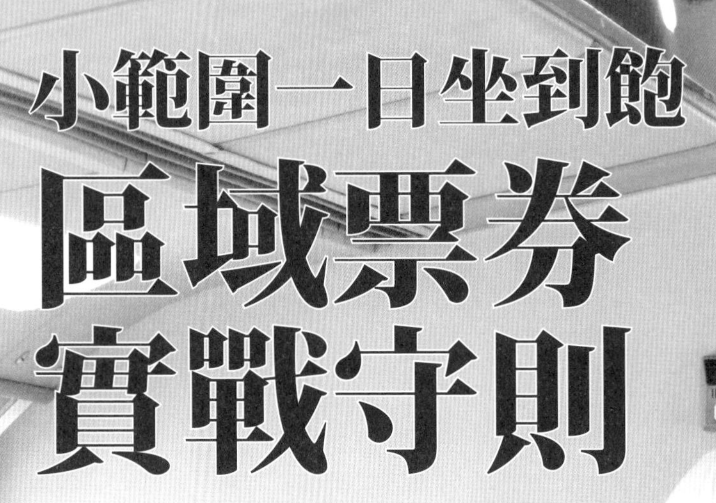

小範圍一日坐到飽
區域票券實戰守則

除了外國人專用的關西地區廣域PASS之外，在私鐵路線百家爭鳴的關西區域，各家私鐵也有推出限定區域的一日券、二日券，有的限定外國觀光客，有的連日本國民也能購買，種類豐富、使用規則百百款，但因為使用的範圍較小，且價格相對便宜，是已經鎖定旅遊區域的人，在出發前不可不先確認的好康票券！鎖定區域，就跟著行程一起精打細算吧～

多家合作
有馬‧六甲周遊
一日券 基本版
P.102

山陽
三宮‧姬路
一日券
P.108

近鐵
近鐵電車
一日周遊券
P.116

南海
南海電鐵
二日券
P.124

南海
高野山‧世界遺產
二日電子票
P.132

僅有電子票券

約40個設施免費玩

大阪周遊卡

大阪周遊パス

大阪周遊卡是最能盡興玩遍大阪市區的票券，只要一卡在手，不但能任意搭乘大阪市區的地下鐵、巴士以及各大私鐵，也能免費體驗HEP FIVE摩天輪、中之島水上觀光船等約40個景點，還可享各種店家或景點的優惠，就算不懂大阪怎麼玩，只要照著大阪周遊卡，就絕對不會錯過任何精彩之處！

如何乘坐大阪巴士

1.排隊從後門上車
2.掃描QR Code
3.按鈴，前門下車

1日 3300円
2日 5500円

大阪市區的「筋」與「通」

走在市中心，在不看地圖情況下，想要簡單的辨識方位，靠著路名也可略知一二。大阪市區內主要街道都以「OO通」、「OO筋」來命名，南北向都稱為筋、東西向則稱為通，因此像是觀光客最愛逛的心齋橋筋商店街，就是一條南北向的街道。

這樣的你適合用這張票

◎初次來大阪，想玩遍市區景點
◎喜歡玩越多賺越多的CP值超高票券
◎喜歡搭船、到高樓觀賞風景
◎不善於規劃景點，想直接依票券免費設施安排行程

1日／2日大阪市區通行無阻

能搭乘交通工具

Osaka Metro	大阪 City Bus	京阪電車(區間)	阪急電車(區間)
○	△*	○	○
阪神電車(區間)	**近鐵電車(區間)**	**南海電鐵(區間)**	**JR線**
○	○	○	X

*無法搭乘IKEA鶴浜巴士以及開往環球影城的巴士

使用範圍

◎Osaka Metro全線、大阪City Bus，以及大阪市區範圍各大私鐵自由搭乘。

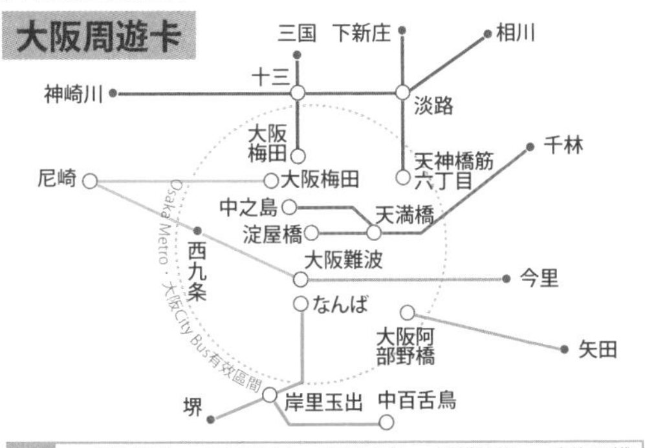

有效期間

開始使用的1日內或連續2日內。

※購票後3個月內需使用完畢，但1/1~3/31購買的票券須於3/31前使用完畢。

購買方式

官方介紹網站

於大阪周遊卡官方網站點選右下角「網上購物」按鈕，跳至スルッとQRtto官方網站使用email註冊帳號並線上刷卡購買。僅販售QR Code電子票券，無實體紙本票券。

退票

有效期限內、未使用的情況下可退票，不收取手續費。一旦開始使用即不可退票。

特典

◎沿線近40處景點免費入場或使用：帆船型觀光船聖瑪麗亞號、大阪樂高樂園、通天閣、大阪城etc.

※有些設施有時間限制或需事前預約，詳見官網。

◎大阪市區多處設施及店家優惠折扣，詳見官網。

使用方法

◎初次使用時，請打開手機中大阪周遊卡的畫面，並按下「開始使用」。

◎搭乘電車時，點選「電車」分頁，於專用閘門掃描 QR Code即可通過。

◎搭乘巴士時，點選「巴士」分頁，於下車前點選「拍攝」，讀取車內QR Code，下車時出示驗證畫面給司機（驗證畫面有效時間為15分鐘，若逾期請重新掃描）。

◎使用設施時，點選「設施使用」分頁，點選「拍攝」讀取設施的QR Code，並出示給工作人員（驗證畫面有效時間為5分鐘，逾期將直接作廢無法再使用）。

轉乘其它路線

新大阪駅 → 轉乘 → 新大阪駅｜東海道／山陽新幹線 JR 線

梅田駅 → 轉乘 → 大阪駅｜JR 線

難波駅 → 轉乘 → JR 難波駅｜JR 線

也可以用其它票券

鎖定Osaka Metro沿線景點！

◎大阪地鐵一日券／エンジョイエコカード

1日內無限次搭乘Osaka Metro和指定區間的City Bus，還包含約30處觀光景點的優惠折扣。大人平日820円、假日620円，兒童310円。→詳見P.140

從大阪玩到京都！

◎京阪+Osaka Metro觀光乘車券／KYOTO-OSAKA SIGHTSEEING PASS 1day (Osaka Metro)

除了Osaka Metro及City Bus，還包含京阪電車京阪本線、宇治線、交野線、石清水八幡宮參道纜車，1日內無限次搭乘，還可享有沿途景點、店家的優惠折扣。日本國內1500円、海外1400円，無兒童票。→詳見P.141

COURSE #1

暢遊大阪市區，感受繁華都心的人文與自然之美

大阪市區二日行程

大阪早在江戶時代就已經成為日本經濟活動最旺盛的都市，甚至還被稱作「天下的廚房」（物流商業繁茂之意）。從關西機場進出的旅人，多半第一站或最後一站必定會安排在大阪，除了浮誇搞笑的巨大招牌、熱鬧又熱情的大阪居民、便宜又美味的街邊小吃，繁華都心的夜景也是讓人念念不忘。

お得チケット 1 大阪周遊卡

用這麼多設施！

原本 12810円

⇓ 購票只要

5500円

使用這張票全程省 **7310円**

大阪周遊卡 OSAKA AMAZING PASS

Check List

沿路必看！

☑心齋橋潮流聚集地
☑戎橋固力果跑跑人
☑大阪城歷史巡禮
☑從摩天輪眺望大阪風光
☑帆船型觀光船遊覽大阪港

Point

讓旅行更順暢的小方法

◎大阪地鐵路線密集，有時兩站之間會有多種路線可以搭，這時不如利用Google Map，看看哪班車比較快來就先搭。

◎南海電鐵なんば站、近鐵與阪神大阪難波站、Osaka Metro四橋線なんば站、Osaka Metro千日前線なんば站、Osaka Metro御堂筋線なんば站、JR難波站都在同一區，但彼此之間須走一段路才能抵達。

◎御堂筋線的梅田站、谷町線的東梅田站、四橋線的西梅田站、阪神大阪梅田站、阪急大阪梅田站與JR大阪站都在同一區，但路線較複雜，是知名的迷宮車站，轉乘時建議多抓一些找路的時間。

◎光是通天閣三項免費設施全體驗，幾乎就值回票價！

◎中之島水上觀光船平日不適用免費優惠，想搭記得等周末。

◎通天閣的TOWER SLIDER體驗僅限平日可憑大阪周遊卡免費。

DAY 1 START

8:20 難波站
↓ Osaka Metro 01分
8:30 日本橋站
↓ Osaka Metro 02分
10:00 恵美須町站
↓ Osaka Metro 01分
11:30 動物園前站
↓ Osaka Metro 02分
14:00 天王寺站
↓ Osaka Metro 04分
16:00 大國町站
↓ Osaka Metro 04分
17:00 心斎橋站
↓ Osaka Metro 02分
19:00 難波站

GOAL

DAY 2 START

8:45 難波站
↓ Osaka Metro 10分
9:00 谷町四丁目站
↓ Osaka Metro 04分
11:00 南森町站
↓ Osaka Metro 02分
12:00 天神橋筋六丁目站
↓ Osaka Metro 04分
14:00 東梅田站
↓ Osaka Metro 25分
15:30 大阪港站
↓ Osaka Metro 5分
18:00 トレードセンター前站
↓ Osaka Metro 35分
19:00 難波

GOAL

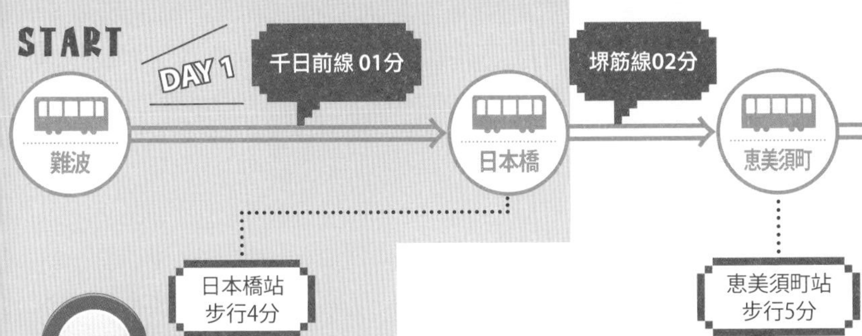

黑門市場

P.143,G3 大阪市中央区日本橋2-4-1 依店鋪而異 kuromon.com/jp/

黑門市場是從江戶時代即開始經營的傳統市場，有「大阪的廚房」（浪速台所）之稱。總長580公尺的黑門市場，不論是日式醃漬菜、生鮮食材、水果、外帶熟食，甚至伴手禮，都可以在這裡找到道地口味！就連日本著名的「河豚料理」，都可以在黑門市場一飽口福。

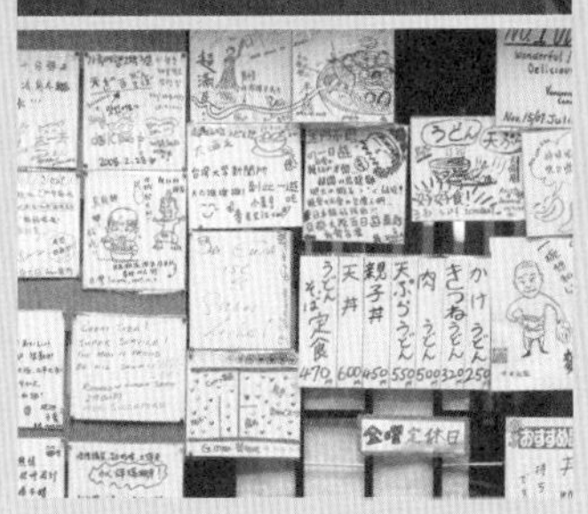

通天閣

P.145,C1 大阪市浪速區惠美須東1-18-6 10:00~20:00(依設施而異，詳見官網) 一般展望台15歲以上￥1000，5~14歲￥500；「Dive&Walk」15~65歲￥3000；「TOWER SLIDER」15~65歲￥1000，7~14歲￥500。特別屋外展望台須另外付費。 www.tsutenkaku.co.jp

展望台及體驗
可憑周遊卡
免費

通天閣初建於明治45年，後因火災毀損，現在所見的則是1956年代再建的第二代通天閣，集結2樓、B1樓購物區以及4~5樓展望台、頂樓戶外展望台「天望パラダイス」、「TIP THE TSUTENKAKU」，3樓也有咖啡廳及百年前新世界街區模型再現。最受歡迎的好運福神ビリケン在5樓展望台有個神殿，據說只要撫摸腳底說出願望，就能美夢成真。

也可以去這裡❶

通天閣南本通

P.145,C1 大阪市浪速區恵美須東界隈 依店鋪而異

新世界一帶是個昭和氛圍濃厚卻又熱鬧繽紛十足的街區，南本通各式大到嚇人的店家招牌，簡直像是競賽般，幾乎整條街道清一色都是餐廳，且以炸串店為主，聚集多間炸串名店，不論白天夜晚，都充滿觀光客，熱鬧的不得了。

也可以去這裡❷

ビリケン神社

P.145,C2 大阪市浪速區恵美須東 3-6-1

ビリケン(BILLIKEN)是1908年一位美國女藝術家依夢境中所見之神所創作的形象，很快地就開始流傳到世界其他地方。ビリケン神社過去是在遊樂園裡的ビリケン堂，因大受歡迎，儼然成為新世界的代表，至今仍保留在原地，讓更多人隨時都能祈願幸福。

堺筋線01分

動物園前

動物園前站
步行3分

Spa World
世界の大温泉

P.145,C2 06-6631-0001 大阪市浪速區恵美須東3-4-24 依設施而異，溫泉10:00~隔日8:45 一般入館費(僅可泡湯)國中以上￥1500，國小以下￥1000，0:00~5:00在館需另付深夜費用￥1300+入湯稅￥150，價格依季節浮動。 www.spaworld.co.jp

可憑周遊卡
國中以上折￥200
國小以下折￥100

這裡是大阪市區內最大型溫泉設施，讓人放鬆身心的療養勝地，除了觀光客也吸引許多當地人。館內有世界各國主題的溫泉區域，如峇里島、地中海、西班牙、日本等豐富浴池，還有岩盤浴、蒸氣浴等療養區，更有半開放式的露天泳池，讓人有如置身異國。

御堂筋線02分

天王寺

天王寺站
步行5分

天王寺動物園

P.145,D1 大阪市天王寺區茶臼山町1-108 天王寺公園內 9:30~17:00，5、9月假日至18:00(最終入園至閉園前一小時) 週一(遇假日順延翌日休)、12/29~1/1 成人￥500，國中小學生￥200 www.tennojizoo.jp/

成立於1915年的老牌動物園，是日本第三座動物園，歷史悠久，自開園以來深受關西地區人喜愛，直接重現動物棲息地的生活環境，如今園內約有310種1500多頭可愛的動物，其中以非洲草原的草食動物區最受小朋友的喜愛。

可憑周遊卡
免費

御堂筋線04分

大國町

大國町站
步行9分

難波八坂神社

P.142,A6 06-6641-1149 大阪市浪速區元町2-9-19 6:00~17:00 nambayasaka.jp/

從東鳥居走進難波八坂神社，就被眼前的大獅口震懾，這張大口的獅子其實是難波八坂神社的獅子舞台。由於受到戰火波及，神社曾經殘破，但經由地方人士共同復興，昭和49年重建完成，才有我們現在看到的難波八坂神社。

御堂筋線04分

心斎橋

心斎橋站
步行5分

御堂筋線02分

回旅館好好休息一晚

難波

難波站
步行5分

心齋橋商店街

P.142,C1 大阪市中央區心齋橋筋1~2丁目 www.shinsaibashi.or.jp/

心斎橋是條具有百年歷史的購物商店街，知名的百貨SOGO就是從這裡發跡的。擁有遮陽頂蓋的心斎橋筋商店街中，百貨公司、餐廳、老舗、時尚流行等琳瑯滿目的商家林立，逛街的人潮絡繹不絕，到了假日更是擁擠。隔壁的御堂筋林蔭濃密，街道尺度寬敞舒適，更是大阪精品最集中的區域，讓人彷彿置身巴黎香榭大道。

也可以去這裡

心斎橋 PARCO

大阪市中央區心斎橋筋1-8-3 購物區10:00~20:00，餐廳10:00~23:00，依各店而異 shinsaibashi.parco.jp

2019年重新開幕的大丸百貨心齋橋店，本館維持著原本的傳統百貨，北館則設計為年輕族群取向的PARCO，館內廣納各項年輕品牌進駐，包含HANDS手創館、HERBS等大家旅日愛逛的店，6樓更是安排成次文化品牌大集合。

道頓堀水上觀光船

P.143,E1 太左衛門橋船着場(ドン キホーテ道頓堀店前) 11:00~19:00每半小時一班 大人¥1500，國中~大學¥1000，國小¥500 www.ipponmatsu.co.jp 乘船券為當日販售

可憑周遊卡免費

道頓堀水上觀光船的起點在道頓堀唐吉訶德前，全程共20分，經過9座橋樑，將道頓堀的水道風光盡收眼前。船程內可以享受大阪人娛樂感十足的道頓堀歡樂導覽解説。聽不懂日文的朋友也別擔心，搭上船乘著道頓堀的水破浪前進，光欣賞兩岸風光就值回票價。

也可以去這裡

道頓堀商圈

大阪市中央區道頓堀一帶 dotonbori.or.jp/ja/

道頓堀是一條匯流入大海的人工運河，不僅可使用大阪周遊卡免費搭乘水上觀光船，最著名的戎橋一帶，高舉雙手衝刺的跑步選手「Glico」等看板與大招牌，也是必看的大阪地方特色。道頓堀也是匯聚章魚燒、拉麵、烏龍麵、大阪燒等國民美味的美食天堂，在這絕對可以找到滿意的晚餐。

千日前線03分

谷町九丁目

谷町線03分

谷町四丁目

谷町四丁目站步行20分

大阪城

P.144,C4 大阪市中央區大阪城1-1 9:00~17:00(入城至16:30)，旺季閉館時間將延後（詳見官網）。御座船10:00~16:30約10~15分一班 休12/28~1/1 $天守閣高中以上￥600，西之丸庭園高中以上￥200，御座船高中以上￥1500、國中小￥750 www.osakacastle.net

以上皆可憑周遊卡免費

大阪城無疑是大阪最著名的地標，金碧輝煌的大阪城為豐臣秀吉的居城，可惜原先的天守閣早毀於豐臣秀賴與德川家康的戰火中，江戶時期重建後的城堡建築又毀於明治時期。二次大戰後再修復後則成為歷史博物館，館內展示豐臣秀吉歷史文獻。記得使用周遊卡沿著護城河搭乘御座船，享受不同視角的大阪城美景。

也可以去這裡①

大阪歷史博物館

可選周遊卡免費

P.144,B5 06-6946-5728 大阪市中央區大手前4-1-32 9:30~17:00，入館至16:30 休週二（遇假日則休隔日）、年末年始12/28~1/4 $成人￥600，高中大學￥400 www.mus-his.city.osaka.jp

2001年完工的大阪歷史博物館就建築在難波宮遺跡上，從地下室就可參觀飛鳥時代鄰近宮殿倉庫和水利設施遺跡，其他各樓層還展示有歷經日本古代數次重要戰役的大阪城之歷史與文化事蹟。

也可以去這裡②

JO-TERRACE OSAKA

P.144,D4 大阪市中央區大阪城3-1大阪城公園 10:00~18:00，依店舖而異 www.jo-terrace.jp/

從JR大阪城公園駅一出站一路沿2樓天橋串聯到JO-TERRACE OSAKA，多達22家商店與餐廳、綠意圍繞的新區域，在2017年新開幕，以餐廳、咖啡為主，讓許多來大阪城遊逛的人，多了停留久一點的理由。遠離市中心的擁擠感，這裡引進大阪、關西各式排隊美食餐廳分店，像是鬆餅店gram、千房大阪燒、good spoon餐廳等，選擇相當多樣，是個美食大本營。

谷町線04分

南森町

堺筋線02分

天神橋筋六丁目

谷町線04分

南森町站步行4分

天神橋筋六丁目站步行5分

大阪天滿宮

P.148,A3 大阪市北區天神橋2-1-8 5:30~18:30 osakatemmangu.or.jp/

大阪天滿宮與京都的北野天滿宮、福岡縣的太宰府天滿宮被稱為日本三大天滿宮，大阪市民暱稱天滿宮為「天神さん」，祭奉學問之神菅原道真，每到考季前夕，人潮絡繹不絕，各地考生都會前來祈求考試順利合格。天滿宮裡都有臥牛像，因為牛是祭神的使者，據說摸牛頭可以增長智慧和增加財運，記得去摸摸牛頭喔！

也可以去這裡

造幣局

P.144,B2 大阪市北區天滿1-1-79 博物館平日9:00~16:45，詳見官網 博物館每月第三個周三、年末年始、櫻花通道開放期間 www.mint.go.jp/ 櫻花通道需官網免費預約才可入場

每年4月左右時，造幣局從南門到北門間，長達560公尺的櫻花通道就會開滿117種櫻花，這些是在明治初年由藤堂藩倉庫移植而來，並在1883年開放讓一般市民參觀。短短一周的開放時間，在櫻花漫飛下路旁也同時擺起路邊攤，能充份體驗日本專屬的春季風情。非櫻花季時也能免費進入造幣博物館參觀，館內展示眾多日本硬幣和造幣局的歷史。

大阪生活今昔館

可憑周遊卡免費入場

P.148,A1 大阪市北區天神橋6-4-20住まい情報センタービル8F 10:00~17:00，入館至16:30 週二(遇假日開館)、年末年始12/29~1/3 成人￥600，高中大學生￥300。特別展入場及和服體驗另外收費 konjyakukan.com

位於大阪市立住居情報中心8~10樓的大阪くらしの今昔館是一個詳細介紹近代至現代大阪人住宅生活的博物館，明治、昭和、大正年代的生活一一呈現，9樓在室內等比例重現江戶時代的大阪街道，漫步其間彷彿穿梭時光隧道，走入昔日的町家生活。

也可以去這裡

天神橋筋商店街

大阪市北區天神橋筋 1~7 丁目

天神橋筋商店街原本是大阪天滿宮的參拜道，逐漸繁榮起來，從一丁目（天一）到七丁目（天七）總長 2.6 公里，為日本最長商店街，從早到晚都十分熱鬧。內有商家老舖、和服店、熟食外帶店、大眾食堂、小餐館等，不但便宜、口味又道地，可親身體驗大阪人日常生活。這裡也是 NHK2013 年晨間劇「ごちそうさん」(多謝款待)的大阪篇的故事場景地，可以跟著主角め以子（芽以子）的腳步逛逛商店街。

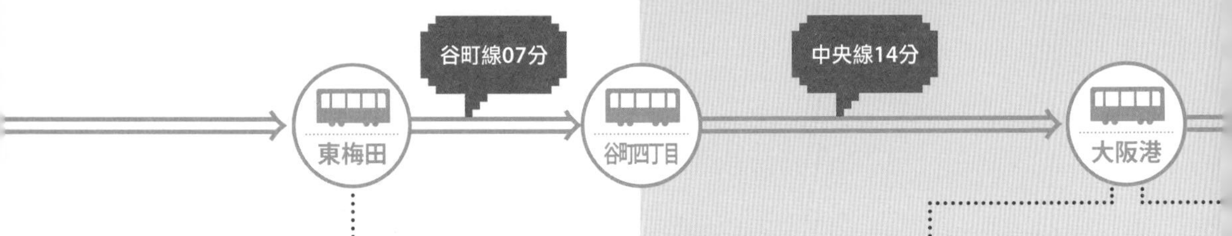

梅田藍天大廈

P.146,A3 大阪市北區大淀中1-1-88 依設施而異，空中庭園展望台9:30~22:30(最終入場22:00) 空中庭園展望台國中以上￥2000，4歲~國小￥500 www.skybldg.co.jp

可憑周遊卡 15:00前 免費

以「都市與自然」、「過去與未來」為主題的梅田天空大廈由東塔、西塔兩棟大樓組成，是一棟宛如凱旋門的ㄇ字型超高建築，規劃了森林流水的「中自然之森」，以及花團錦簇的「花野」；可以上頂樓的「空中庭園展望台」360度俯視整個大阪，也可以在地下樓的復古小路「滝見小路」體會古早味。

也可以去這裡

HEP FIVE

可憑周遊卡 免費

P.146,C3 大阪市北區角田町5-15 購物11:00~21:00，餐廳~22:30，摩天輪~22:45 不定休，詳見官網 摩天輪6歲以上￥600 www.hepfive.jp

遠遠可以看到頂樓大紅色摩天輪的HEP FIVE，包括HEP FIVE與HEP NAVIO兩棟相連的百貨，其中HEP FIVE的規劃比較年輕有個性。9層樓面擁有99家店舖，許多受歡迎的品牌如GAP、BEAMS、OZOC等都看得到。逛到7樓時，一定要去搭乘難得的市區摩天輪，一圈15分鐘的體驗，梅田風光盡收眼底。

觀光船聖瑪麗亞號

P.145,A2 大阪市港區海岸通 海遊館西はとば 白天遊覽11:00~17:00(依季節而異，每小時一班)，黃昏遊覽僅於周末、假日航行，時間詳見官網 白天遊覽國中以上￥1800、國小￥900；黃昏遊覽國中以上￥2300、國小￥1150。 suijo-bus.osaka/language/santamaria/

可憑周遊卡 免費

環繞大阪灣一圈的復古造型觀光船聖瑪麗亞號由海遊館出發，一路飽覽大阪灣風光。除了海天一色的美景，聖塔瑪麗亞號本身也很有看頭，依據美國哥倫布船艦兩倍大的規模來興建，底層還有個迷你的海事博物館，展出哥倫布相關資料。

也可以去這裡

海遊館

P.145,A2 大阪市港區海岸通 1-1-10 10:00~20:00(每日不一，詳見官網)，最後入館至閉館前 1 小時 高中以上￥2700，國中小￥1400，3歲以上￥700(每日不一，詳見官網) www.kaiyukan.com

外型碩大亮麗的天保山海遊館於 1990 年開幕，堪稱世界最大的室內水族館，中央的大水族箱以太平洋為主題，蓄水量超過 5400 噸，最受遊客喜愛的就是悠游其中的巨大鯨鯊。館內悠遊著太平洋以及環太平洋各個海域的洄游海洋生物，包括瀨戶內海、日本海溝、大堡礁等 10 個不同型態的海底風貌，豐富的生物世界保證讓人大飽眼福。

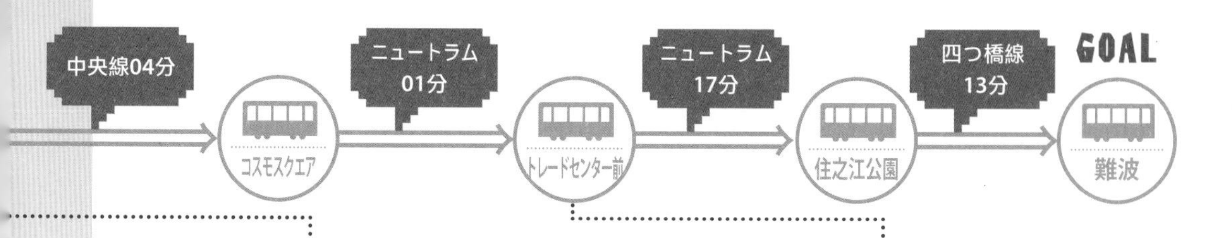

天保山大摩天輪

可憑周遊卡 免費

P.145,A2 大阪市港區海岸通1-1-10
10:00~21:00，周末~22:00 3歲以上￥900 www.senyo.co.jp/tempozan/

海遊館旁巨型的摩天輪映入眼簾，直徑100公尺，112.5公尺高，晴天時還可遠眺神戶一帶甚至更遠的明石海峽大橋與關西機場。到了夜晚，從摩天輪內觀賞夜景可是一絕，摩天輪上投映的燈光還會隨著明日天氣變換顏色。

咲洲宇宙塔展望台

P.145,A3 大阪市住之江區南港北1-14-16 52~55F 11:00~22:00，入場至21:30
休 週一(遇假日順延翌日休)
高中以上￥1000，國中小￥600，
sakishima-observatory.com/

可憑周遊卡 免費

宇宙塔展望台位於高達256公尺的大阪府咲洲庁舍頂層，從展望台可360度欣賞大阪灣最壯麗的美景，能俯瞰散發五彩霓虹的天保山大摩天輪，遠眺關西機場、淡路島或明石海峽大橋，還有許多情人雅座，每天從傍晚就陸續吸引許多情人來此談情賞夜景。咲洲庁舍內也設有許多餐廳，提供來此辦公或觀展的人一個休息用餐的地方。

阪堺電車一日券

全線1日フリー乗車券 てくてくきっぷ

探索繁華與復古並存的堺區

一日內自由搭乘阪堺電車全線

連接大阪南區繁華地與堺的阪堺電車全線距離超過14公里，以我孫子道為分界點，北區是大阪，南區則為堺市。使用阪堺電車一日券，可以一天內隨意搭乘阪堺電車全線，細細品味不華麗卻最樸實動人的大阪庶民生活景象。

阪堺電車 阪堺電車——全名阪堺電氣軌道，前身是明治30年設立的大阪馬車鐵道，如今是大阪僅存的路面電車，陪伴了大阪居民一百年的時光，至今仍以悠閒緩慢的速度行駛於住宅區之間。搭一趟阪堺電車，窗外騎著單車的學生們緊鄰著電車，剛買完菜的主婦從車前的斑馬線通過，看著看著彷彿自己也融入當地生活中。

700円
兒童350円

這樣的你適合用這張票

◎想體驗貼近市民生活的路面電車
◎想品嚐在地居民童年滋味的小店
◎不善於規劃轉車行程，想一路玩到底
◎想花一天好好探訪復古與繁華並存的堺市

如何乘坐阪堺電車

1.電車進站時先確認運行方向
2.排隊從後門上車
3.前門下車時出示阪堺電車一日券

1日內隨意搭乘阪堺電車

能搭乘交通工具

阪堺電車	JR線
○	X
南海電鐵	**Osaka Metro**
X	X

使用範圍

◎阪堺電車全線。

阪堺電車一日券

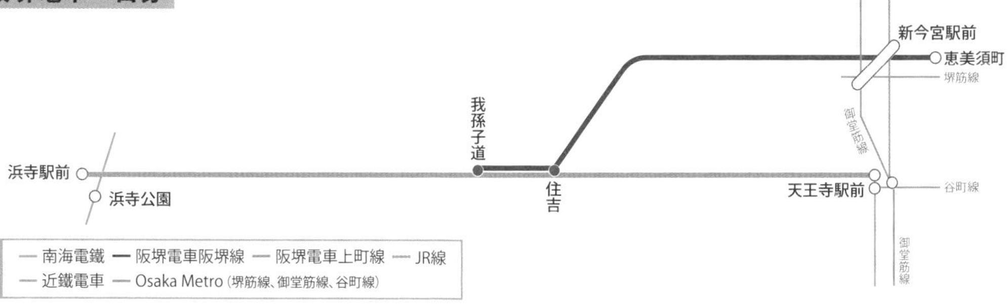

有效期間

票券刮開的年月日當日1日。

購買地點

天王寺駅前・我孫子道・浜寺駅前各站的乘車券販賣處；或於下車時向司機購買。

※浜寺駅前站的乘車券販賣處週日、假日不營業。

退票

尚未刮開使用日期、已刮開使用日期的票券可於使用日期前一日之前退票，會收取手續費220円。

其它

使用車票時，請將使用日的年月日刮開，下車時出示給車長即可。若年、月、日任一有兩處以上被刮開時，則車票視為無效。

官方介紹網站

www.hankai.co.jp/ticket/

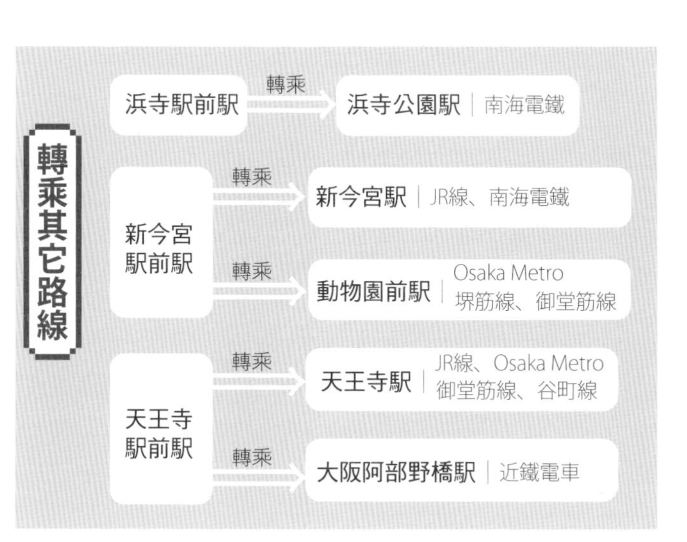

電車+巴士！

也可以用其它票券

◎阪堺電車+南海巴士一日券／堺おもてなしチケット「阪堺拡大版」

除了阪堺電車全線，也能搭乘堺市內指定區域的南海巴士，還能享有堺區各景點的優惠折扣。大人800円、兒童400円。

COURSE # 2

START

天王寺駅前

搭乘阪堺電車，穿越時空回到過去

堺區古今風華一日輕旅行

從大阪南區的「天王寺駅前」，搭上大阪僅存的路面電車— 阪堺電氣軌道，沿途列車不斷發出「鏘～鏘～」的聲音，讓一整趟旅程充滿復古情懷。沿途有許多特色在地小店，不但可以體驗最真實的原鄉風情，也能找到日本的老靈魂，不管是茶道、香道、刀刃工藝、和菓子等，每一樣都樸實又古典，不華麗卻深藏底蘊。

坐這麼多趟！

原本1840円

⇓ 購票只要

700円

使用這張票全程省 **1140円**

START

8:00	天王寺駅前站
↓	阪堺電車16分
8:30	住吉鳥居前站
↓	阪堺電車07分
10:00	高須神社站
↓	阪堺電車04分
11:00	妙國寺前站
↓	阪堺電車04分
13:00	大小路站
↓	阪堺電車03分
14:00	宿院站
↓	阪堺電車02分
15:30	寺地町站
↓	阪堺電車 24分
16:30	東天下茶屋站
↓	阪堺電車07分
17:00	天王寺站

GOAL

Check List

沿路必看！

- ☑堺市刀刃工藝
- ☑住吉大社參拜
- ☑特色和菓子巡禮
- ☑傳統手工線香
- ☑茶道深度體驗

Point

讓旅行更順暢的小方法

◎單趟230円，只要搭4趟以上就值回票價！

◎阪堺電車有上町線、阪堺線兩條路線，兩線重複的區間為「住吉」站至「我孫子道」站，若使用現金付款或IC卡轉車，僅能於指定車站「住吉」站或「我孫子道」站轉乘，使用一日券則可於此區間各站轉乘。

◎許多站距離很近，用走的穿梭小巷也很有趣。

◎如果想在さかい利晶の杜體驗茶道，建議先於官網預約。

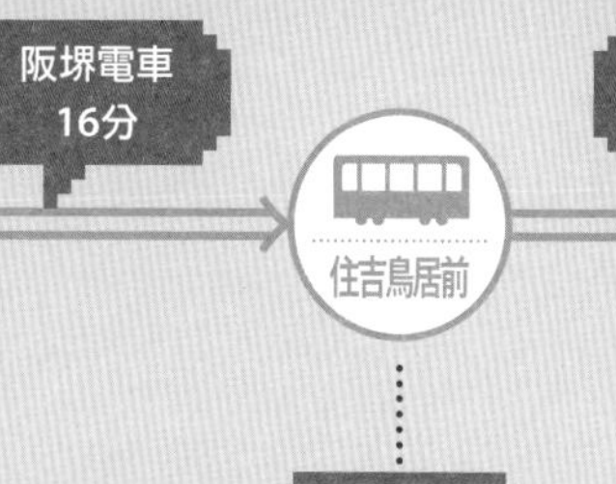

阪堺電車 07分

高須神社

阪堺電車 04分

妙國寺前

住吉鳥居前站步行1分

住吉大社

大阪市住吉區住吉2-9-89 4~9月6:00~17:00，10~3月6:30~17:00 www.sumiyoshitaisha.net

住吉大社建造於200多年前，住吉大神就像是我們的媽祖，是保佑海上船隻交通平安的神明，四面臨海的日本，各地都有住吉神社，已有一千八百餘年歷史的大阪住吉大社是全日本住吉神社的總本宮，各個本宮及御本殿都採用日本神社建築史上最古老的特殊形式「住吉造」所建。紅色太鼓橋在水中的倒影形成一幅充滿魅力的風景，也曾被文學名家川端康成喻為「反橋」而更為吸引人。

高須神社站步行3分

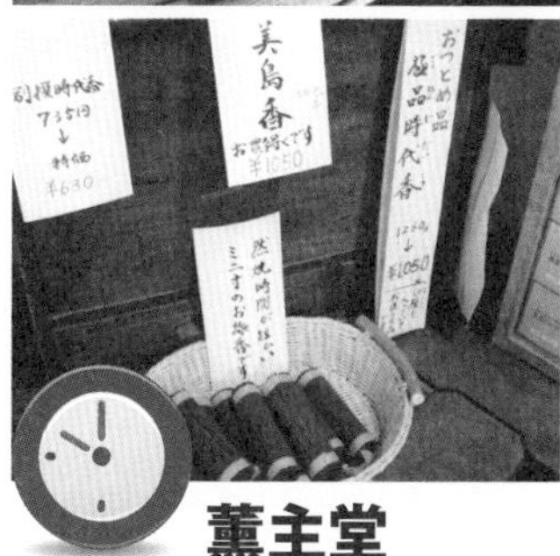

薰主堂

P.147,B1 大阪府堺市堺區北半町西2-1 9:30~17:30 週日 www.kunsyudou.jp

為了供應京都、奈良等地佛寺需要，大阪近郊的堺市為日本線香的製造重鎮，甚至有「泉南佛國」美稱。在線香大量機械生產的現代，薰主堂還保存有手工製香的傳統工坊，手工線香的特徵是香氣馥郁自然，且薰煙持久、不易碎斷，因應最近香氛療法潮流，手工線香更顯珍貴，宛若成為香氣的藝術品。

妙國寺前站步行2分

堺傳統産業會館

P.147,B1 大阪府堺市堺區材木町西1-1-30 10:00~17:00 週二 www.sakaidensan.jp/

堺市的刀刃是最著名的特色工藝，為了推廣這傳統產業，刀刃聯合會所建造了堺伝統産業会館，裡面除了展示各種堺市的傳統工藝，2樓還有刀刃博物館，可以親眼看到一把好刀的製作過程，還有專業職人教導如何磨出好刀，當然也能買到職人所打造的名刀。

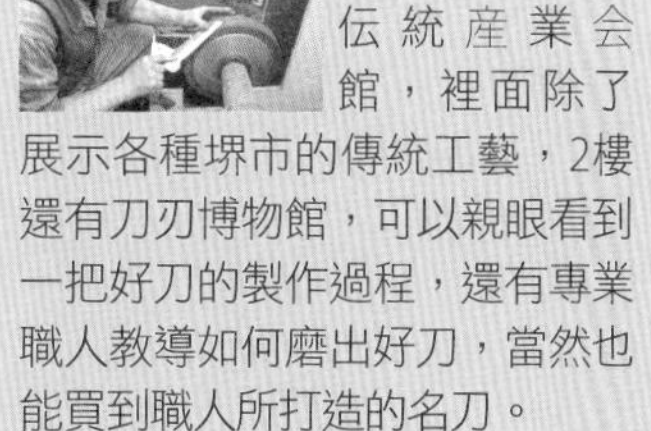

也可以去這裡

曽呂利 本店

P.147,B1 大阪府堺市堺區宿屋町西1-1-1 8:30~18:30，週日、假日~18:00 年始1/1~2 sorori.co.jp/

堺以刃物出名，其中最為人知曉的名匠就是曽呂利新左衛門了。這間和菓子老舖正是以這位工匠為名，保存了許多當年的日式糕餅。最著名的大鏡餅直徑9公分，內餡是白豆沙，吃起來綿密不膩，是堺的伴手禮名物。

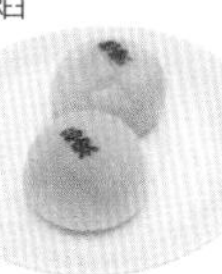

阪堺電車
04分

大小路

大小路站
步行4分

菅原神社

P.147,B2 大阪府堺市堺區戎之町東2-1-38 6:30~17:00 www.sakaitenjin.or.jp/

長德3年（西元997年）便已創立的菅原神社，主要祭拜的是學問之神菅原道真。不同於太宰府，菅原原神社還有祭拜南大阪第一的えべっさん，據説寛文4年（西元1664年）時，在現在戎島町附近浮起了一座島，島上發現了一座石像，人們便建造了堺戎神社來祭祠石像，昭和26年（西元1951年）遷入菅原神社，成為境內的一社。

也可以去這裡

丸市菓子

P.147,B2 大阪府堺市堺區戎之町東2-1-38 6:30~17:00 www.sakaitenjin.or.jp/

店內有名的和菓子「斗々屋茶碗」再現千利休的名碗「斗々屋」，在平成14年全國菓子博覽會榮獲最高榮譽的總裁賞，內餡為丹波大納言紅豆泥與柚子泥，溫潤的紅豆泥與微酸甜的柚子泥組合意外的搭。

阪堺電車
03分

宿院

宿院站
步行2分

さかい利晶の杜

P.147,A2 072-260-4386 大阪府堺市堺區宿院町西2-1-1 9:00~18:00(入館至17:30)，茶の湯体10:00~17:00 休第3個週二(遇假日順延翌日休)、年末年始 $門票大學以上￥300、高中￥200，體驗費用另計 www.sakai-rishonomori.com/

さかい利晶の杜兩大常設展千利休茶の湯館與与謝野晶子記念館，正是介紹堺兩大名人茶道千家始祖千利休與詩人与謝野晶子的展覽館，逛完後還可以至茶の湯体験施設，有多種不同的體驗可預約，可以享用抹茶和和菓子，每日由不同的茶道流派來服務。

GOAL

天王寺

寺地町站
步行2分

かん袋

ⒶP.147,A2 ⓐ大阪府堺市堺區新在家町東1-2-1 ⓑ10:00~17:00，售完為止 ㊡週二、三(遇假日照常營業) ⓤwww.kanbukuro.co.jp/

湯圓泡在綠綠的汁裡面，這是什麼呀？くるみ是日文核桃的意思，但這種叫くるみ餅的食物，其綠色的汁怎麼看都不像是核桃，連日本人都覺得很新奇。據老闆透露，這綠色的濃稠汁液是由抹茶與獨門秘方調製而成，吃起來苦味中帶著蔗糖的香，白玉則是堅持當天手工現揉，兩者合在一起吃口感獨特。

也可以去這裡

深清鮓

ⒶP.147,A2 ⓐ大阪府堺市堺區出島町1-1-22 ⓑ9:30~17:00，售完為止 ㊡週一、二

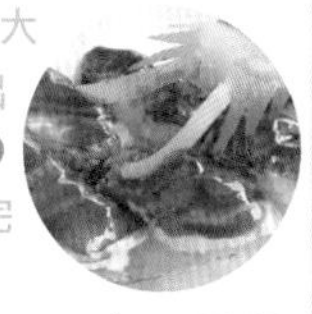

老舖壽司創業於1948年，是間只能外帶的壽司店，名物為鰻魚壽司，穴子にぎり鰻魚是用蒸的，穴子箱すし鰻魚則是用烤的，料理方式不同，但同樣美味不打折，鰻魚上塗上一層甜鹹的醬料，讓視覺與味覺都大大加分。

東天下茶屋
站步行4分

あたりきしゃりき堂

ⓐ大阪市阿倍野 阿倍野元町9-7 ⓑ12:00~18:00 ㊡週日、週一

原本是上班族的老闆，由於愛上從前住家附近的甜甜圈美味，有了自己開店的念頭。在充滿懷舊的店內中，老闆會和顧客愉快地對話，途中不時會有附近的人們前來買10個、20個讓家人品嘗，新鮮現炸的甜甜圈可選擇加糖或不灑糖粉，清爽的甜味最適合搭配咖啡。

天王寺站
步行4分

天王寺公園

ⒶP.145,D2 ⓐ大阪市天王寺區茶臼山町 5-55 ⓑ7:00~22:00，依設施而異 ⓤwww.tennoji-park.jp/

這座歷史超過百年的公園，就夾在充滿昭和氛圍的新世界與光鮮高樓崢嶸的百貨群阿倍野之間，宛如城市裡的綠珍珠般的存在，不僅是市民放鬆休憩處，裡面還包含有動物園、美術館、日式庭園與茶臼山歷史遺跡。2015年重新整建後的公園更增加許多新設施，像是特色咖啡餐廳、旅館、農特產店與兒童及寵物遊戲區等，很多人會攜家帶眷來這裡野餐享受悠閒時光。

僅有電子票券

一日內自由搭乘阪急電車全線

阪急電車一日券

阪急1dayパス

1300円
無兒童票

阪急電車串聯神戶、大阪、京都，包含神戶三宮、大阪梅田、嵐山、京都河原町等大站，阪急電車一日券可以在一天內無限搭乘阪急電車全線，很適合想一日往返京阪或阪神、並深入探訪沿途各站在地景點與小店的旅人。

デジタル乗車券
阪急 1 day パス Hankyu 1day pass
阪急電車１日乗車券 1day pass for all Hankyu lines
宝塚 Takarazuka
箕面 Minoh
嵐山 Arashiyama
京都河原町 Kyoto-kawaramachi
北千里 Kita-senri
伊丹 Itami
甲陽園 Koyoen
天神橋筋六丁目 Tenjimbashisuji-rokuchome
神戸三宮 Kobe-Sannomiya
今津 Imazu
大阪梅田 Osaka-Umeda

這樣的你適合用這張票

◎想一日往返京都、大阪、神戶之間

◎喜歡到遊客較少的地方旅遊

◎對熱門景點已經很熟，想更深入探訪京阪神

◎懶得規劃行程，想直接照著鐵路沿線遊玩

1日內隨意搭乘阪急電車

能搭乘交通工具

阪急電車	神戸高速線
○	X
Osaka Metro	**阪神電車**
X	X

使用範圍

◎阪急電車全線

有效期間

開始使用的當日1日內。

※2024/6/17~2025/3/31購買的票券，須於購票後3個月內使用完畢，最終使用期限為2025/3/31。

購買地點

於スルッとQRtto官方網站使用email註冊帳號並線上刷卡購買，僅販售QR Code電子票券，無實體紙本票券。

退票

有效期間內，尚未按下「開始利用」按鈕前，可使用手機依スルッとQRtto官網指示退票，不收取手續費。

其它

於專用閘門掃描電子票券 QR Code即可通過，電子票券QR Code畫面會持續刷新，使用票券時須確保手機可以正常連線網路，無法以截圖方式使用。

官方介紹網站

購票連結

※此QR Code為株式会社デンソーウェーブ的登錄商標。

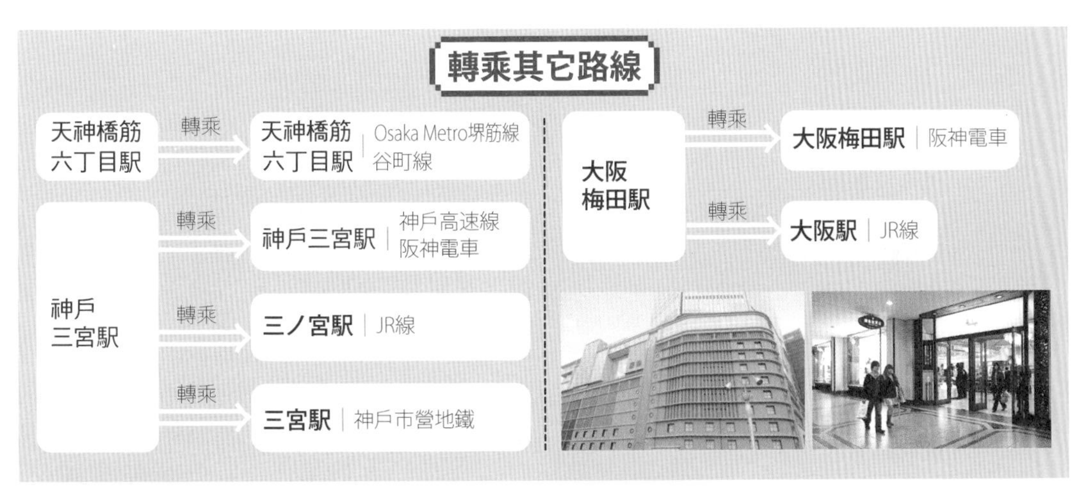

也可以用其它票券

範圍更廣！

◎阪急阪神一日券／阪急阪神1dayパス

除了阪急電車全線，也能搭乘阪神電車全線和神戸高速線，對於住在難波周遭的旅客會更為方便。1600円，無兒童票。

從大阪玩到京都！

◎京阪+Osaka Metro 觀光乘車券／KYOTO-OSAKA SIGHTSEEING PASS 1day (Osaka Metro)

除了Osaka Metro及City Bus，還包含京阪電車京阪本線（大津線除外）、宇治線、交野線、石清水八幡宮參道纜車，1日內無限次搭乘，還可享有沿途景點、店家的優惠折扣。日本國內1500円、海外1400円，無兒童票。

→詳見P.141

COURSE # 3

跳脫熙熙攘攘的觀光名勝地，
愜意享受市郊的悠閒

大阪兵庫市郊一日遊

誰說大阪只有五光十射的鬧區百貨、都會公園、國民美食與瘋狂購物呢？搭乘阪急電車，到山中的公園漫步、探訪特色在地店家、步入杯麵博物館、寶塚大劇場與手塚治虫記念館，感受從過往保留至今的歷史與文化，展開寧靜又夢幻的阪神市郊之旅，傍晚再前往京都河原町入住旅館，展開下一段旅程。

START

8:00	大阪梅田站
↓	阪急電車24分
8:30	箕面站
↓	阪急電車09分
10:30	池田站
↓	阪急電車14分
14:30	宝塚站
↓	阪急電車20分
16:30	芦屋川站
↓	阪急電車29分
17:30	大阪梅田站
↓	阪急電車48分
20:00	京都河原町站

GOAL

Check List

沿路必看！必吃！

- ☑箕面特產炸楓葉
- ☑杯麵博物館製作專屬杯麵
- ☑手塚治虫記念館漫畫之旅
- ☑寶塚劇場優雅經典的歌舞劇
- ☑高級住宅區周遭的精緻小店

Point

讓旅行更順暢的小方法

◎阪急電車一日券在2024年漲價了，建議先算算自己的行程車票原價多少元，確定有優惠再購買一日券喔！

◎每一齣寶塚歌舞劇的公演日程不同，建議可以先上官網查詢有興趣的劇並確認公演時間，預先訂好票。

◎箕面公園內可能會遇到野生的猴子，隨身物品與食物要看好，避免被搶走。

◎阪急電車一日券可以免費搭乘大阪梅田～京都河原町之間的阪急特急列車，直達只需約50分鐘。

箕面站步行7分至入口處

箕面公園

P.148,A4-A5 大阪府箕面市箕面公園 www.mino-park.jp/

箕面公園說是公園，但其實包含了整個山區，沿著中央的箕面川一直向前步行約50分鐘就會到到箕面瀑布，沿路種滿了楓樹，秋季是賞楓名所。公園中還有櫻廣場、開山堂寺廟、昆蟲館、唐人戻岩等景點，也有許多岔路小徑，但基本上都可抵達箕面瀑布。

箕面站步行17分

瀧安寺

P.148,A5 大阪府箕面市箕面公園2-23 10:00~16:00 www.ryuanji.org

西元650年創建的瀧安寺是山岳信仰的修行道場之一，自古以來就有來自全國各地的修行者在這裡修行，境內還有役行者的石像，留下許多山岳信仰的神奇傳說。而較廣為人知的是，瀧安寺本堂的弁財天可以祈求財運，從安土桃山時代起就有許多大阪商人不遠千里前來祈求福氣，據說這可是日本第一座財神廟。

箕面站步行7分

一の橋

P.148,A5 大阪府箕面市箕面1-5-1 9:00~17:30

一の橋創業100多年的老店舖，店內當然也少不了箕面名物紅葉天婦羅，這可是已經有1300年歷史的傳統點心呢！除此之外也有販售紅葉饅頭和猴子仙貝，以及箕面吉祥物滝ノ道ゆずる的仙貝，做成紅葉造型的仙貝，上頭烙印著可愛的滝ノ道ゆずる，很適合當伴手禮！

也可以去這裡

雅楽

P.148,A6 大阪府箕面市箕面1-8-28 11:00~18:00 休週三、四、日

擁有日式庭院的窗邊風景，清幽的環境讓人忘卻煩躁，再加上木造建築的溫暖的氛圍，下山後到這兒喝杯茶、吃個小點心，小憩一下，獨享愜意的午茶時光。店裡還有寄賣些陶藝家的食器和手工製作的布包與雜貨，並不定期舉辦展覽，更增添一股文人風雅的氣息。

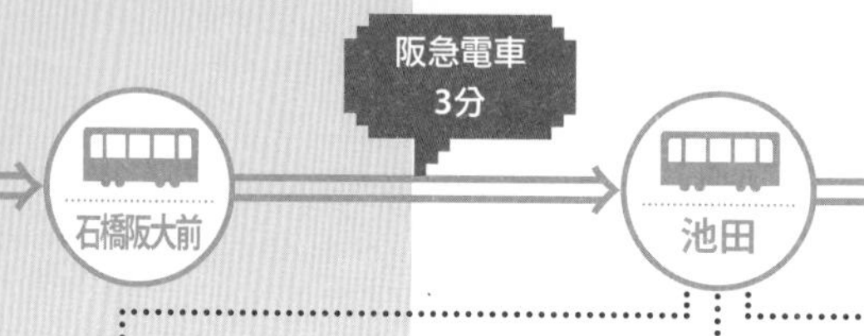

池田站步行
5分

杯麵博物館

P.147,D3 大阪府池田市満寿美町8-25 9:30~16:30(入場至15:30) 休週二(遇假日順延翌日休)、年末年始 www.cupnoodles-museum.jp/ja/osaka_ikeda/

發明泡麵的人，正是現在日本最大食品公司日清食品的創辦人——安藤百福。杯麵博物館中可以認識泡麵的發展，了解有關泡麵的故事與歷史，最特別的是人人都可來此付費體驗製作屬於自己味道、獨一無二的泡麵，可以輕鬆完成，充滿體驗樂趣。

池田站步行
10分

逸翁美術館

P.147,E1 大阪府池田市栄本町12-27 10:00~17:00(入館至16:30) 休展覽期間的週一(遇假日順延翌日休) 成人￥700，高中以上學生￥500 www.hankyu-bunka.or.jp/itsuo-museum/

館名以小林一三（1873~1957）的筆名「逸翁」來命名，他是阪急電鐵、阪急百貨店和東寶的創始者，館內收藏達5500件，有古書、畫卷、茶器具和陶瓷器等，以及中近世紀的繪畫，許多收藏品也被列入日本的重要文化財。

也可以去這裡

市立上方落語資料展示館

P.147,C1 大阪府池田市榮本町7-3 11:00~19:00 休週二、年末年始 自由參觀，落語會另需入場費 www.ikedashi-kanko.jp/spot/recommend-spot04

池田常出現在落語的題材內，有著「落語街區」之稱。上方落語資料展示館於2007年開幕，館內除了有落語舞台，還有介紹珍貴化遺產的戲棚「呉服座」和說書人後台區實物呈現。

池田站步行
14分

池田城跡公園

P.147,D1 大阪府池田市城山町3-46 9:00~19:00，11~3月~17:00 休週二(遇假日順延翌日休)、年末年始12/29~1/1

池田城跡公園位於丘陵地上，是室町時代到戰國時代，統治池田、豐中、箕面市周邊一帶的地方豪族池田一家的城堡遺跡。白色圍牆圍繞的公園有東西南北四個出入口，主要的出入口為東門，走過長長的木橋進入園內，映入眼簾的是位在門右邊武士風平房建築的管理處，再往前有間小茶室，和回遊式的日式庭園，以及井戶、枯山水、虎口（舊時城的出入口）、排水溝城跡。

阪急電車 14分

阪急電車 14分

宝塚

宝塚站步行 11分

手塚治虫記念館

P.154,B2 兵庫縣宝塚市武庫川町7-65 9:30~17:00(入館至16:30) 休週一(遇假日、寒暑假照常營業)、12/29~12/31 成人￥700，國高中￥300，國小￥100 www.city.takarazuka.hyogo.jp/tezuka

怪醫秦博士、大獅王、寶馬王子、原子小金剛，這些大家耳熟能詳的漫畫人物，全出自漫畫大師手塚治虫筆下。由於手塚本身對大自然的情感，作品當中隨時傳達環保意識與世界和平的理想，對日本的漫畫、電影，甚至青少年都有深遠的影響。隨著紀念館前漫畫主角的銅版浮雕、手印腳印，進入手塚治虫的奇幻世界，玻璃櫥窗展示著手塚先生的手稿、筆記、成績單、照片，館內科幻卡通的裝潢，發揮了豐富的想像力，不但吸引小朋友，大人們也流連在其中。

宝塚站步行 9分

宝塚大劇場

P.154,B2 兵庫縣宝塚市栄町1-1-57 10:00~18:00 休週一 一般公演SS席￥12500，S席￥8800，A席￥5500，B席￥3500 kageki.hankyu.co.jp

宝塚大劇場本是1910年起源於宝塚溫泉鄉、由阪急電鐵株式會社所創起的娛樂歌唱團體，因為大受歡迎而逐漸發展成日本最早的西式歌舞劇場，直到現在擁有花、月、雪、星、宙，共五組表演團隊，甚至還有專屬的二年制宝塚音樂學校，像是知名的影星如黑木瞳、天海祐希都是宝塚出身呢！

也可以去這裡A

吾妻

P.147,C1 大阪府池田市西本町6-17 10:30~16:00(L.O.15:30) 休週二(遇假日順延翌日休)、不定休 azumaudon.wixsite.com/ikeda/home

元治元年(1864)創業，吾妻招牌烏龍麵由知名作家谷崎潤一郎的妻子依據她先生谷崎潤一郎的小《細雪》所命名而來，大阪式的細麵烏龍麵，搭配上魚板、炸油豆腐、搗碎的白芝麻、山芹菜、鹽昆布、生薑、柚子皮，滿滿豐盛的配料，光看就令人食指大動。

也可以去這裡B

五月山公園

P.147,D1 大阪府池田市綾羽2-5

五月山公園被列入大阪綠地百選之一，位於半山腰一帶，春夏秋冬四季各有其風情，春天賞櫻，秋天賞楓，五月山公園宛如市民自家的後花園。園內也附設各式各樣的設施，動物園、登山步道、都市綠化植物園、兒童文化中心、高爾夫球場、綠色中心等等，一次滿足一家大小的娛樂需求。

也可以去這裡

きねや

P.154,A1 兵庫縣宝塚市栄町2-1-1ソリオ宝塚 GF 10:00~19:00

きねや的乙女餅是宝塚迷們來宝塚必買的名物點心。「乙女」在日文有「少女」之意，象徵少女的純潔、端正與優美，如同宝塚歌劇團給人的印象一般。「乙女餅」的滋味香甜清美，半透明的和果子裹著一種用大豆的皮磨成的「きな粉」，口感細緻且滿蘊著清雅的香氣。

阪急電車
6分

阪急電車
29分

西宮北口

芦屋川

芦屋川站
步行1分

芦屋川站
步行5分

芦屋川

P.154,D1-D2 兵庫縣芦屋市

從神戶北區的六甲山麓留下的芦屋川穿越了這個高級住宅區，也讓芦屋的街景更加悠閒，更加優雅。春季小橋流水與沿岸滿開的櫻花，美景讓人屏息，夏天時則可看到芦屋的青少年們將這裡當成最天然的遊樂園，嬉戲玩水，成為充分表達芦屋樂活的景觀。

Terrace Daniel

P.154,D2 兵庫縣芦屋市松ノ 町3-14 10:00~18:30 休週一、二(週一遇假日則改周三休) www.unaginonedoko.com

Daniel緊鄰著芦屋川，是神戶甜點名店，除了甜蜜洋菓子受歡迎，麵包也有廣大的貴婦群喜歡，切片黑橄欖與香辛紅椒搭配的，雖然是簡單的麵包，吃起來卻帶著濃濃的義大利風味。此外，法國小點心中當紅的可麗露更是表皮酥脆，內餡濕潤甜美，讓人一吃上癮。

也可以去這裡

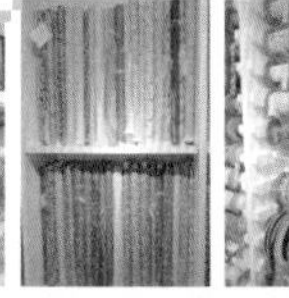

CHECK&STRIPE fabric&things 芦屋

P.154,D1 兵庫縣芦屋市松ノ内町4-8-102 10:00~19:00 休年末年始 checkandstripe.com/

沿著芦屋川走，微風吹拂，鬧中取靜的住宅區，多了一份清幽感，而CHECK&STRIPE fabric&things正位在芦屋川旁，白色門面配上紅磚的外觀，給人一股清爽感，1樓主要販賣各式琳瑯滿目的原創布（亞麻、棉等材質）與雜貨， B1樓則是採預約制的WORKSHOP和縫紉教室，喜歡原創布料的獨特性來此挑選，包你滿載而歸。

阪急電車
48分

GOAL

大阪梅田 → 京都河原町

大阪梅田站
步行10分

露天神社

P.146,D4 大阪市北區曾根崎2-5-4 6:00~23:00 www.tuyutenjin.com/

建於1300年的露天神社，原本的舊社殿在1945年太平洋戰爭被燒毀，現在的社殿是1957年所重新建造的，拜殿前的石柱還有留有當時被美軍戰鬥機掃射的彈痕呢！露天神社的美人祈願繪馬十分特別，繪馬上是沒有畫上五官的阿初，可以讓參拜者自由發揮畫上心中所嚮往的情人面貌。而在每個月的第一個星期五神社內會舉辦「お初天神蚤の市」（御初天神跳蚤市場），集合30~40家店舗擺攤，熱鬧非凡。

大阪梅田站
步行3分

阪急百貨 梅田本店

P.146,C3 大阪市北區角田町8-7 10:00~20:00，12、13F餐廳11:00~22:00，依店家而異 www.hankyu-dept.co.jp

世界第一家車站型百貨一阪急百貨梅田總店於1929年成立，坐落於大阪的交通樞紐梅田站(JR大阪站)，除了匯集最新的時尚品項及豐富的生活用品外，也有滿滿美食餐廳及甜點店，多款知名伴手禮和特產也樣樣俱全。當然，像是免稅服務、W-Fi無線上網、或是外幣退換等服務這裡也都有，不論是大人小孩都能逛得盡興、買得愉快！

也可以去這裡

OSAKA STATION CITY

P.146,C3 大阪市北區梅田3-1-1 JR大阪駅 osakasta tioncity.com/

於2011年5月4日開幕的「大阪ステーションシティ」包括北棟、南棟、大阪駅三部分，北棟連接LUCUA osaka，南棟連接大丸梅田和ホテルグランヴィア大阪，是西日本最大、全日本第二大規模的商業設施。除了百貨商場外，也有許多特色建築，其中較著名的是設計師水戶岡鋭治以「水」、「緑」（綠化）、「時」（時間）、「エコ」（環保）、「情報」為核心，設計了8個各具特色的主題廣場，提供旅客舒適又能欣賞大阪風光的休憩場所。

外國人限定
須攜帶護照

京阪電車自由區間
+
石清水八幡宮參道纜車

京都觀光一日券
KYOTO SIGHTSEEING PASS

外國旅客限定

沿線都是必訪景點

海外販售
700円
日本國內
800円
無兒童票

京都觀光一日券是許多來京都旅遊旅客的最愛，沿線不但有祇園、八坂神社、二年坂、三年坂、清水寺、伏見稻荷大社等知名觀光景點，還能到宇治和石清水八幡宮，對於初次來京都的旅人，順著路線玩下來就可以拜訪許多必訪景點，非常方便。

舞妓？藝妓？

京都至今仍保有傳統舞妓與藝妓文化，祇園的小路上不時可見穿著華麗和服的優雅身影，但舞妓與藝妓究竟有什麼不一樣呢？其實舞妓是指修業中的藝妓，從和服和髮簪來看，舞妓較粉嫩年輕；舞妓修業完成後，取得豐富的涵養與待人的純熟技巧，才能從代表舞妓的紅色衣領換成藝妓的白色衣領，成為獨當一面的藝妓。

這樣的你適合用這張票

◎喜歡古蹟寺廟神社
◎想一口氣看很多京都知名景點
◎喜歡漫步老街，感受歷史氛圍
◎不善於規劃轉車行程，想要一條線玩到底

1日內悠遊京都京阪電車沿線

能搭乘交通工具

京阪電車(區間)	石清水八幡宮參道纜車	JR線
○	○	X
叡山電車	近鐵電車	地鐵東西線
X	X	X

使用範圍

◎京阪電車石清水八幡宮～出町柳站、宇治線、石清水八幡宮參道纜車。

京都觀光一日券

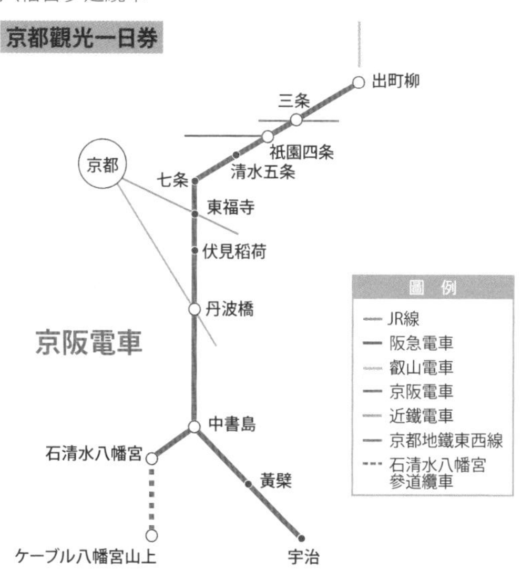

購買資格

持短期停留簽證的外國旅客，購買時須出示護照。

有效期間

使用期限內任選一日。

※每年4/1~隔年3/31購買的票券使用期限至隔年4/30前。

購買方法

可以在台灣代理店內購買，至日本後再持QR Code換車票。也可以抵達日本後直接購買，在日本購買價格會貴100円。

取票地點

QR Code兑換：京阪電車三条、淀屋橋、北浜、天滿橋、京橋各站。

現場購票：關西國際機場第1航廈關西旅遊資訊服務中心、京都關西旅遊資訊服務中心、京阪電車三条駅、Hotel Keihan Kyoto Grande、Hotel Keihan Kyoto Hachijoguchi、Kyoto Tower Hotel、Kyoto Century Hotel、The Thousand Kyoto、Good Nature Hotel Kyoto。

退票

一經售出，無法退票。

其它

乘坐指定席車廂Premium Car須另行付費。

官方介紹網站

www.keihan.co.jp/travel/tw/trains/passes-for-visitors-to-japan/kyoto-osaka.html

轉乘其它路線

- 出町柳駅 轉乘→ 出町柳駅｜叡山電鐵
- 三条駅 轉乘→ 三条京阪駅｜京都地鐵東西線
- 祇園四条駅 轉乘→ 京都河原町駅｜阪急電車
- 東福寺駅 轉乘→ 東福寺駅｜JR線
- 丹波橋駅 轉乘→ 近鉄丹波橋駅｜近鐵電車

也可以用其它票券

住大阪玩京都就用這張！

◎京都大阪觀光一日、二日券／KYOTO-OSAKA SIGHTSEEING PASS

這張是京都觀光一日券的進階版，多了大阪區域的京阪電車路線可搭乘，非常適合住在大阪、想到京阪沿線景點當日來回的旅人。一日券1100円、二日券1600円，無兒童票。→詳見P.141

巴士+地鐵！

◎京都地下鐵巴士一日券／地下鉄 バス1日券

可以一日內無限搭乘京都市營地下鐵全線、京都市巴士全線，以及區域間的京都巴士、京阪巴士、西日本JR巴士，對於漫遊京都市區景點非常方便，此外在沿線指定景點、店家還能享有優惠。大人800円、兒童400円。→詳見P.141

COURSE #4

穿梭古今，古都風光魅力無限

京都京阪沿線一日輕旅行

從祇園一帶開啟一天的旅程，一幢幢傳統町屋建築，不時有身穿和服的旅客與藝妓經過，讓人不禁誤以為闖入過去時光，沿途到八坂神社、清水寺、東福寺、伏見稲荷大社、宇治平等院等名勝古蹟，感受歷史在這片土地的駐足。

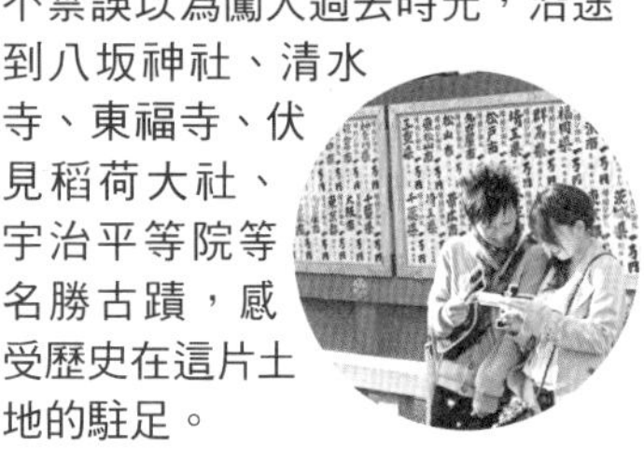

START

8:15	三条站
↓	京阪電車02分
8:30	祇園四条站
↓	隨景點步行直達
12:30	清水五条站
↓	京阪電車03分
13:00	東福寺站
↓	京阪電車03分
14:00	伏見稲荷站
↓	京阪電車31分
15:00	宇治站
↓	京阪電車31分
18:30	祇園四条站

GOAL

Check List

沿路必看！

- ☑祇園一帶古今融合的小舖
- ☑完全木造的清水舞台
- ☑伏見稲荷神社千本鳥居
- ☑正統宇治抹茶
- ☑十円硬幣上的風景：平等院鳳凰堂

Point

讓旅行更順暢的小方法

◎從取票站三条到宇治來回就700円，只要中間有在其他站停留，用這張一定划算。

◎祇園四条站到清水五条站雖然可以搭乘京阪電車，但沿途知名景點非常多，不如漫步古道中慢慢欣賞，不知不覺就走到下一站了。

◎如果想更悠閒地逛各站景點，也可以考慮將景點拆成兩日慢慢逛。

◎沿線較多戶外景點，若遇雨天步行可能會比較辛苦。

◎沿線許多景點都是賞楓、賞櫻名所，春秋季一張票券就可以看盡各處美景。

START

京阪電車
2分

三条

先到三条站買好一日券，從這裡開始旅程。

祇園四条

隨景點
步行直達

祇園四条站
步行10分

祇園四条站
步行11分

八坂神社

P.149,A1 京都市東山區祇園町北側625 www.yasaka-jinja.or.jp/

從東大路通上的階梯拾級而上，香火鼎盛的八坂神社，是關西地區最知名且歷史悠久的神社之一，京都人暱稱它為「祇園さん」。八坂神社和圓山公園相通，傳説因為昔日災疫不斷而建廟祈願，是京都藝妓們經常造訪的寺廟，也是京都商人們的信仰。八坂神社拜的是保佑商家生意興隆、消災解厄的神祇，建築獨特的神社大殿被稱為「祇園造」，是日本獨特的神社建築，最早的記載見於西元925年。

也可以去這裡

円山公園

京都市東山區円山町・鷲尾町

京都最著名也是最大眾化的賞櫻花見公園，占地約8600平方公尺，公園內除了以坂本龍馬、中岡慎太郎像著名之外，還有一棵京都人最愛的「祇園夜櫻」，擁有70多年的歷史，是第二代的老枝垂櫻花樹，每到櫻花季節就有許多人特地前來欣賞。

安井金比羅宮

P.149,B1 京都市東山區東大路松原上ル下弁天町70 自由參觀；繪馬館、玻璃館10:00~16:00 休繪馬館、玻璃館：週一(遇假日順延翌日休)、年末 $自由參拜；繪馬館．玻璃館共通票成人￥500，高中以下￥400 www.yasui-konpiragu.or.jp

氣氛寧靜的安井金比羅宮是間以保佑結良緣、斬惡緣而聞名的神社，也是日劇「Anego」的取景地之一。

境內最醒目的是個覆滿白色籤紙、中間有開口的大石，名叫「緣切緣結碑」，先在籤紙上寫下願望，如是祈求良緣，要從石洞的裏口爬到表口，想切斷惡緣則反過來從表口往裏口。境內還有展示古今繪馬的繪馬館和玻璃館可以參觀。

清水五条

高台寺
步行5分

法觀寺

京都市東山區八坂上町388 10:00~15:00 國中以上￥400 不接受國中生以下參觀

沿著八坂通的上坡道前行，可以見到坂道盡頭通稱「八坂塔」的法觀寺，這可是東山區最具代表性的一席風景。「八坂之塔」相傳是在1500年前聖德太子所建，保留了日本現存最古老、白鳳時代的五重塔樣式。經過多次祝融之災，現在的塔身建築是西元1440年由幕府將軍足利義教重建。

也可以去這裡

八坂庚申堂

京都市東山區金園町390 9:00~17:00

熱鬧的八坂通上除了各式小店與八坂塔串起的好拍街景外，不遠處的庚申堂也是熱門景點，菩薩像前掛著許多色彩鮮豔的布猴子「くくり猿」，許多身穿浴衣、和服的女孩都聚集在此拍照。買一個￥500的布猴子，寫下自己的願望在上面後掛在庚申堂，據說可讓願望實現。

法觀寺
步行7分

七味家本舗

京都市東山區清水2-221清水寺参道 9:00~18:00

www.shichimiya.co.jp

位在三年坂與清水坂交叉路口的七味家是一家擁有350年歷史的老舖，看似不起眼的店內賣的可是京都人必備的七味粉，七味指的是各種香辛料的組合，包括辣椒、白薑、麻種、紫蘇、陳皮、山椒、胡椒等，吃起來除了辣味之外還帶有獨特香氣。

也可以去這裡

星巴克 京都二寧坂ヤサカ茶屋店

京都市東山區高台寺南門通下河原東入桝屋町349

8:00~20:00 不定休

咖啡龍頭星巴克不只遍地開花，還在二年坂上的老町屋裡開起概念店，老町屋內，除了一般的點餐櫃台之外，更是處處充滿巧思，將老屋特色發揮得淋離盡致。往深處走去，一個義式咖啡機吧台正對著坪庭，職人在此做的拿鐵都變得得京都味了！餐點都領完後，可以上到二樓，還有榻榻米座位區，完全展現和風優雅。

京阪電車
3分

東福寺

京阪電車
3分

七味家本舖
步行3分

東福寺站
步行3分

清水寺

京都市東山區清水1-294 6:00~18:00，7、8月~18:30，夜間特別拜觀~21:30 高中以上¥400，國中小¥200 www.kiyomizudera.or.jp

清水寺位於京都洛東東山境內，建於西元798年，是平安時代建築物，歷史相當悠久，因為寺內擁有一處清泉（音羽の瀧）而得名。由於曾經多次遭受祝融之災，目前所見的清水寺，是1633年時依照原貌重建的。入口處巍峨的紅色仁王門屬「切妻」式建築，是日本最正統的屋頂建築式樣；清水寺本堂正殿中央，供奉著一尊十一面千手觀音，最上面左右兩臂上各捧著小如來像，所以又有「清水型觀音」之稱，為清水寺的信仰中心，也是國家重要文化財。

東福寺

P.148,C2 京都市東山區本町15-778 4~10月9:00~16:30，11~12月初8:30~16:30，12月初~3月9:00~16:00，最終入場為閉門前半小時 本坊庭園成人¥500，國中小¥300；通天橋 開山堂成人¥600，國中小¥300(秋季調漲價格)；本坊庭園・通天橋・開山堂成人¥1000，國中小學生¥500(秋季無販售) tofukuji.jp/

耗費19年建成的東福寺，列名京都五山之一，原本兼天台、真言和禪等宗派，多次經火燒後，現在則屬禪寺，為臨濟宗東福寺派的大本山。東福寺方丈內苑東西南北各有巧妙不同的庭園配置，稱為八相庭，是重森三玲在1938年的作品，也是近代禪宗庭園的代表作。庭園秋日苔石之上楓紅似錦，春天則有粉紅杜鵑相互搭配，色彩繽紛而和諧。

也可以去這裡

毘沙門堂 勝林寺

P.148,C1 京都市東山區本町15-795 10:00~16:00 一般拜觀成人¥800，國小~高中¥500 shourin-ji.org 毘沙門堂 禁止攝影拍照；坐禪體驗需以電話、網站或email預約

勝林寺是臨濟宗東福寺的塔頭之一，創建於1550年，寺院建築相當簡樸，周圍有美麗庭院環繞。供奉的主佛毘沙門天王像傳自平安時代，保佑財運、勝利與驅除惡運。在勝林寺，每天都有坐禪和寫經寫佛體驗，另外還有坐禪結合瑜珈、早粥、煎茶道或夜間坐禪等特殊體驗。固定舉辦的坐禪體驗，不論初學者、小學生都可以參加，針對外國觀光客則會附上英文說明，相當容易親近。

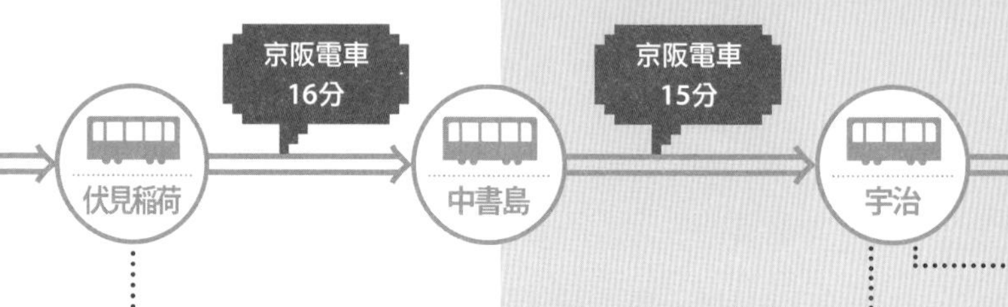

伏見稲荷站
步行4分

伏見稲荷大社

P.148,C6 京都市伏見區深草薮之内町68 inari.jp

日文中，稲荷指的是管理、保佑五穀豐收、生意興隆的神祀，而伏見的稲荷大社更了不得，是全日本四萬多座稲荷社的總本社，香火之鼎盛可想而知。伏見稲荷大社內，到處都能見到口中叼著稲穗或穀物的狐狸，每隻的表情都不同，值得細看。除了本殿和奥社之外，穿過千本鳥居至後方的整座稲荷山也都屬伏見稲荷大社的範圍，一路上滿是大大小小的神社、五花八門的大明神和不同年代留下的石碑或石祠，繞行全山約需2小時。

也可以去這裡

寺子屋本舗 伏見店

P.148,B6 京都市伏見區深草稲荷御前町 65 9:30~17:30

伏見稲荷大社參道商店街上的寺子屋本舗，是聞名全京都的烤仙貝專賣店。這裡的烤仙貝口味眾多，從最普通的醬油、海苔口味，到季節限定的柚子胡椒、激辣口味等，應有盡有。為了品質，仙貝全是手工現烤，想吃美食可得花點耐心。

宇治站步行
7分

對鳳庵

P.149,D6 京都府宇治市宇治塔川2 1/10~12/20 10:00~16:00 茶道表演：薄茶(薄抹茶+和菓子)￥1000，濃茶と薄茶セット(濃抹茶與薄抹茶+和菓子)￥3000，お点前体 (茶道體驗)￥2400 www.kyoto-uji-kankou.or.jp/taihoan.html 濃茶と薄茶セット、玉露と煎茶セット、茶道體驗需於3日前預約

宇治茶等於日本高級茶的代名詞，宇治市政府為推廣日本茶成立了「對鳳庵」，讓一般人也有機會親近茶道。對鳳庵是完全針對觀光客而設的茶道體驗教室，可說是老少咸宜，除了濃抹茶、薄抹茶以外，也有煎茶、玉露可以體驗，就算是外國人也不會感到太過拘束，不妨來這簡樸的日式小屋，與來自日本各流派的老師共享茶的芳美。

也可以去這裡

中村藤吉 宇治本店

P.149,C6 京都府宇治市宇治壱番 10 10:00~17:30 (L.O.16:30) www.tokichi.jp

創業於 1859 年的中村藤吉為宇治茶的老舗，光是店舗本身就能令人感受到濃濃古風。店裡除了提供各式茗茶外，也有內用的茶席，茶製的甜品尤其有名，包括擺盤精緻的抹茶霜淇淋、口感香氣俱佳的抹茶蕨餅等都很受歡迎，不但視覺華麗，吃起來也很美味。

宇治站步行
8分

平等院

P.149,C6 京都府宇治市宇治蓮華116 庭園8:30~17:30(售票至17:15)；鳳凰堂9:30~16:10(每20分一梯次，9:00開始售票)；鳳翔館9:00~17:00(售票至16:45) 庭園+鳳翔館成人￥700，國高中￥400，國小￥300；鳳凰堂內部拜觀￥300 www.byodoin.or.jp

位於宇治川南岸，首建於西元998年的平等院，是平安時代權頃一時的藤原道長的別墅。平等院是藤原文化碩果僅存、也是集大成的代表性建築物；頭上有雙華蓋、堂內還有51尊雲中供養菩薩像。鳳凰堂前的阿字池也很值得注意，阿字池是典型的淨土式庭園，整個庭園的設計是以阿彌陀堂為中心，池塘及小島則左右對稱的分布兩旁，希望營造出象徵曼陀羅的極樂淨土。

也可以去這裡A

宇治神社

P.149,D6 京都府宇治市宇治山田1 uji-jinja.com/

傳説原本是応神天皇的離宮，主要是祭祀菟道稚郎子命的神靈，菟道稚郎子命自幼聰穎，因此大家也都會來這裡祈求學問、考試合格。宇治神社的本殿是鎌倉時代初期的建築形式，而本殿中還有放置一尊建於平安時時的菟道稚郎子命的木造神像，十分珍貴。神社內的兔子籤詩非常可愛，許多旅人會特地前來收藏。

也可以去這裡B

宇治上神社

P.149,D6 京都府宇治市宇治山田59 9:00~16:00 ujikamijinja.amebaownd.com/

宇治上神社是鎮守平等院的神社，位於宇治川東岸，與平等院隔川相對。神社建築包括本殿、拜殿、春日神社等建築，其中，規模最大的本殿裡頭，並排著三間內殿，形式特殊，也是最早期的神社建築樣式。依據年輪鑑定，這間本殿建築的年代可以追溯至西元1060年，也是現存最古老的神社建築。

嵐電一日券

嵐電1日フリーきっぷ

只限當天購入使用

一天內隨意搭乘嵐電

700円
兒童350円

24.-8.-5 12:12 000002
京福電気鉄道
RANDEN ONE-DAY
PASS+ECO
24.-8.-5
嵐電1日フリーきっぷ
大人
通用発売当日限
西院事務所発行
¥700
入鉄省略

說到京都的美好風景，一定不能錯過嵐山，離市中心約半小時車程即可抵達，滿山的楓樹映在清澈的保津川之上，翠綠茂密的竹林為心中帶來寧靜。嵐電一日券可以在購票當天無限搭乘嵐電，此外還有沿線約30處寺廟與店家的優惠，如果住在離嵐電沿線很近的地方，可以考慮使用這張票券來個嵐山一日遊。

這樣的你適合用這張票

◎想到嵐山一日遊
◎秋季想一次觀賞多個賞楓名所
◎住在嵐電沿線附近，不須額外花交通費來轉乘嵐電
◎懶得規劃行程，想直接照著鐵路沿線遊玩

1日內隨意搭乘嵐電

能搭乘交通工具

京福電鐵嵐電	京都市營地下鐵	JR線	阪急電車
○	X	X	X

使用範圍

京福電車嵐電全線。

有效期間

購票當日有效。

購買地點

四条大宮、帷子ノ辻、嵐山、北野白梅町各站。

退票

無法退票。

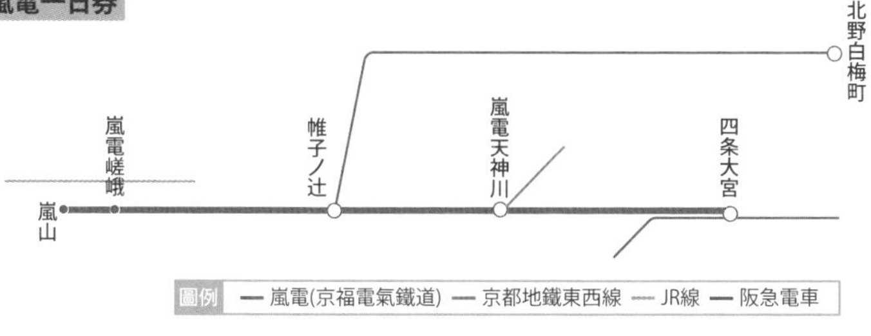

如何乘坐嵐電

1.前後門皆可上車
2.下車前按鈴
3.從前門下車，第一次使用票券時須插入票卡到卡槽打上日期，第二次起出示票券使用日期即可

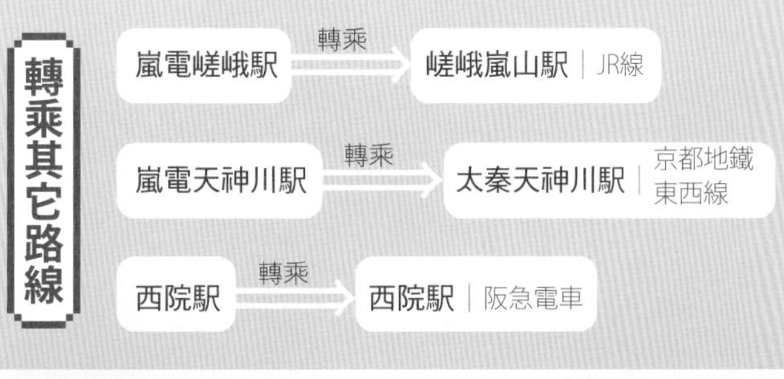

範圍更廣！

也可以用其它票券

◎京都地下鐵 嵐電一日券／京都地下鉄 嵐電1dayチケット

使用這張票券可以一日內無限搭乘京都市營地下鐵、嵐電全線，還能享有東映太秦映畫村的入場券優惠，適合住在京都地鐵沿線又想玩嵐山的人。1300円，無兒童票。

巴士+地鐵！

◎京都地下鐵巴士一日券／地下鉄 バス1日券

可以一日內無限搭乘京都市營地下鐵全線、京都市巴士全線，以及區域間的京都巴士、京阪巴士、西日本JR巴士，對於漫遊京都市區景點非常方便，此外在沿線指定景點、店家還能享有優惠。大人800円、兒童400円。→詳見P.141

COURSE # 5

坐上復古路面電車，搖搖晃晃
登上風景如詩的嵐山

嵐山一日散策

搭上可愛的嵐電路面電車，悠閒晃到嵐山，春季櫻花如雪、夏季翠綠清涼、秋季楓紅似火、冬季飄雪幽靜淒美，山水景色吸引著無數旅人前來，而嵐電沿線各有風情的古剎當然也不能錯過，一日散策間看盡自然、人文與歷史之美。

お得チケット 5 嵐電一日券

坐這麼多趟！

原本1250円
⇓ 購票只要
700円
使用這張票全程省550円

START

8:00	四条大宮
↓	嵐電24分
8:30	嵐山站
↓	嵐電20分
11:30	北野白梅町站
↓	嵐電02分
14:30	龍安寺站
↓	嵐電02分
15:30	御室仁和寺站
↓	嵐電22分
16:30	四条大宮站

GOAL

Check List

沿路必看！

☑蓊綠的嵐山竹林小徑
☑嵐山月台竹湯
☑沿線古寺巡禮
☑金碧輝煌的金閣寺

Point

讓旅行更順暢的小方法

◎嵐電大人單趟250円，只要搭超過3趟就划算！
◎每月25日在北野天滿宮境內會舉辦跳蚤市場「天神市」，不妨去看看。
◎奇數月第二個週日在平野神社會有手作市集「平野櫻市」，若時間碰上可以去逛逛。
◎11月左右嵐山周遭楓紅遍野，雖然遊客人數暴增，但壯麗景色真的不容錯過！

嵐山站
步行3分

天龍寺

P.150,B4 京都市右京區嵯峨天龍寺芒ノ馬場町68 庭院8:30~17:00(售票至16:50)；諸堂(大方丈・書院・多宝殿)8:30~16:45(售票至16:30)；法堂「雲龍 」9:00~16:30(售票至16:20) 休依各堂而異，詳見官網 $庭園高中以上￥500、國中小￥300；諸堂￥300（需先付庭園參拜費才能加購）；法堂￥500

天龍寺建於1339年，據説是因為一位和尚在夢中看見一條飛龍從附近的江中騰空飛起而取名，境內因此隨處可見龍的造型。天龍寺的法堂內供奉釋迦、文殊、普賢等尊相，天花板上有幅難得一見的雲龍圖，是在1997年記念夢窗疏石圓寂650周年時請來畫家加山又造所創作。寺內的曹源池庭園是夢窓疎石所作的一座池泉回遊式庭園，設計的構想據説來自鯉魚躍龍門。在京都五山裡天龍寺排名第一，是造訪嵐山必遊的著名景點之一。

嵐山站
步行6分

竹林小徑

P.150,B4 天龍寺北側周邊

由野宮神社通往大河內山莊的路段，是條美麗的竹林隧道，也是嵐山最具特色的風景之一。夏日涼風習習，翠綠的竹蔭帶來輕快的涼意；冬天則有白雪映襯著竹子鮮綠，別有一番意境。

嵐山站
步行17分

常寂光寺

P.150,A3 京都市右京區嵯峨小倉山小倉町3 9:00~17:00，售票至16:30 $￥500 www.jojakko-ji.or.jp

通過竹林後徒步約5分鐘即可到達常寂光寺，這座以紅葉聞名的古寺位於小倉山麓，四周是靜寂蓊鬱的綠林，當年開山僧人即是看上它的幽僻，才選作隱居修行之地。「常寂光」這個寺名也饒富禪意，出自佛典，是天台四土之一，意為佛教的理想境界。

也可以去這裡

宝筐院

P.150,B2 京都府京都市右京區嵯峨 迦堂門前南中院町9-1 9:00~16:00，11月~16:30 $高中以上￥500，國中小￥200

宝筐院以南朝武將楠木正行的首塚，和室町幕府二代足利義詮的墳墓相鄰而聞名。本堂南側的庭園景觀極美，白砂與青苔上堆積著落葉，宛如華麗的西陣織。

嵐電7分

帷子ノ辻

嵐山站
步行3分

渡月橋

P.150,C5 京都市右京區嵯峨中ノ島町

渡月橋可說是嵐山的地標，由於昔日龜山天皇看見明月當空，一時興起命名，目前的風貌是1934年以鋼鐵重建的，構造與舊橋相同，以春天櫻花或秋日紅葉作為前景拍攝渡月橋，已經成為嵐山的景觀代表之一。

也可以去這裡A

鯛匠HANANA

P.150,C4 京都市右京區嵯峨天龍寺瀨戶川町26-1 11:00~售完為止 不定休，詳見官網 www.hanana-kyoto.com

鯛匠HANANA以鯛魚茶泡飯起家，不只招牌的鯛魚新鮮，配菜也選用嵐山在地蔬菜。品嚐鯛魚茶泡飯套餐時，可以先品嚐生魚片，感受魚肉的鮮，接著將生魚片沾滿芝麻醬，配著白飯一同吃下，品嚐鯛魚與白飯咀嚼後的甜，最後則是將沾滿芝麻醬的生魚片放置白飯上，再倒入煎茶，變成茶泡飯，愈吃愈覺清香甘甜。

也可以去這裡B

老松 嵐山店

P.150,C4 京都市右京區嵯峨天龍寺芒ノ馬場町20 販賣區9:00~17:00，茶房9:30~17:00(L.O.16:30) www.oimatu.co.jp

老松在室町時代就已是獻貢給宮廷的御用和菓子老舖，夏天的「夏柑糖」在新鮮柑橘裡填入寒天，充滿酸甜的香氣，是每年夏天都會大排長龍的人氣限定品。

嵐山站
出站即達

嵐山温泉 駅の足湯

P.150,C5 嵐電嵐山駅月台 9:00~18:00，售票至17:30 ¥250(附毛巾)

憑票券可折¥50

全日本相當少見的月台足湯在嵐電嵐山就可親身體驗，嵐山溫泉對神經痛、肌肉酸痛、慢性消化器官與恢復疲勞具有功效，坐在鐵道旁泡個足湯，全身都變得暖呼呼，在秋冬時節更是一種簡單的享受。

也可以去這裡

嵯峨野小火車

P.150,A4 京都市右京區嵯峨天龍寺車道町 嵯峨駅出發10:02~16:02，亀岡駅出發10:30~16:30，每小時一班 週三不定休，詳見官網 單程12歲以上¥880，6~11歲¥440 www.sagano-kanko.co.jp

憑票券贈送小禮

來到嵐山，搭乘造型復古的蒸汽小火車「嵯峨野號」也是許多旅人的選擇，沿著保津川，奔行於龜岡到嵐山間，全程約25分鐘，可以用絕佳的角度欣賞保津峽的山水景色，每到春櫻和秋楓時節，滿山遍野的櫻花與紅楓更是讓小火車擠滿人潮，不預約就搭不到呢。

嵐電12分

北野白梅町

嵐電2分

北野白梅町站步行5分

粟餅所 澤屋

京都市上京區今小路通御前西入紙屋川町838-7 9:00~17:00 休週三、四

粟餅所澤屋是北野天滿宮前有名的點心之一，開業至今有300多年的歷史。澤屋的粟餅，有佐黃豆粉的長條形和外裹紅豆泥的球形2種，吃起來毫不甜膩，還能充分感受黃豆、紅豆和小米的香氣，但粟餅很快就會變硬，建議在店裡好好享用喔！

也可以去這裡

上七軒歌舞練場

075-461-0148 京都市上京區今出川通七本松西入真盛町742 7/1~9/5 17:30~22:00(L.O.21:30)，限時2小時 休不定休，詳見官網 www.maiko3.com

每年夏天，上七軒會特別將其歌舞練場的前院開放為啤酒花園，提供啤酒、飲料與各式下酒菜，還會有舞妓或藝妓們穿著浴衣輪流與遊客聊天同樂。可以事先預約座位，在夜晚前來感受京都特有的夏季風情。

北野白梅町站步行7分

北野天滿宮

P.149.D2 京都市上京區馬喰町 7:00~17:00，依季節而異，詳見官網 www.kitanotenmangu.or.jp

憑票券贈送書籤一枚

北野天滿宮供奉著平安時代的學者菅原道真，他是有名的學問之神，許多人會來此祈求學業進步、金榜提名。冬末春初，北野天滿宮就成了京都最有名的賞梅所，每年2月25日梅花祭時，上七軒的藝妓及舞妓會來此參拜，衣香鬢影間美不勝收。

也可以去這裡

平野神社

P.149,D2 京都市北區平野宮本町1 6:00~17:00 www.hiranojinja.com/

平野神社為平安時期遷都京都的桓武天皇所移築的古老神社，境內種植有數十種、約500株的珍貴櫻花，數量之多居京都之首，京都人稱之為「平野の櫻」，櫻花季時會舉辦夜間賞櫻，4月10日還會舉辦櫻花祭。

北野白梅町站搭乘公車9分

金閣寺

P.149,D1 京都市北區金閣寺町1 9:00~17:00 高中以上￥500，國中小學生￥300 www.shokoku-ji.jp/kinkakuji/

金閣寺是由足利義滿於1397年打造，建築風格上融合了貴族式的寢殿造與禪宗形式，四周則是以鏡湖池為中心的池泉迴遊式庭園，並借景衣笠山。三層樓閣的金閣寺位於鏡湖池畔，底層為「阿彌陀堂法水院」，第二層是稱為「潮音閣」的觀音殿，最上層則是仿唐室建築的格局，一隻飛舞的金色鳳凰矗立在屋頂，十分醒目，整座寺閣都是使用金箔貼飾，也因而被封上「金閣寺」的美名。

嵐電2分

嵐電6分

龍安寺

御室仁和寺

龍安寺
站步行10分

御室仁和寺
站步行3分

龍安寺

P.149,C1 京都市右京區龍安寺御陵下町13 3~11月8:00~17:00，12~2月8:30~16:30 成人￥600，高中￥300，國中小￥300 www.ryoanji.jp

龍安寺創建於室町時代的寶德2年（西元1450年），以著名的枯山水石庭「渡虎之子」聞名。枯山水石庭中沒有一草一木，白砂被耙掃成整齊的平行波浪，其中搭配的十五塊石頭，象徵著浮沈大海上的島原。由佛教的角度來觀覽，無垠白砂代表汪洋、石塊代表浮沉人間以及佛教中永恆的蓬萊仙島，方寸間見無限，就是枯山水的最高境界。

也可以去這裡

龍安寺西源院

龍安寺境內 11:00~15:00

跪坐在龍安寺的名庭內品嘗以七草湯豆腐為主的精進料理，感覺格外風雅。此地的湯豆腐是由丹波地區產的最頂級大豆磨成，除了能夠增添香氣的香菇、口感俱佳的蒟蒻之外，還在湯豆腐中加入七樣蔬菜及京都有名的生麵麩，所以稱為「七草湯豆腐」，因有益健康而大受歡迎。

仁和寺

P.149,C2 京都市右京區御室大 33 9:00~17:00，12~2月~16:30 御所庭園成人￥800 ninnaji.jp/

仁和寺與日本皇室關係密切，曾有數位天皇退位遁入佛門後，在仁和寺執行「法皇」的政務權利，因此仁和寺又有「御室御所」之稱。它同時也是日本佛教教派「真言宗御室派」的大本山，在宗教上地位甚高。寺廟為光孝天皇於仁和2年(886)所建，後來在應仁之亂中不幸全數燒毀，直到江戶時代的正保3年(1646)才重建完成，當時並將京都御所內的紫宸殿、清涼殿移築仁和寺，成為現在見到的金堂和御影堂。

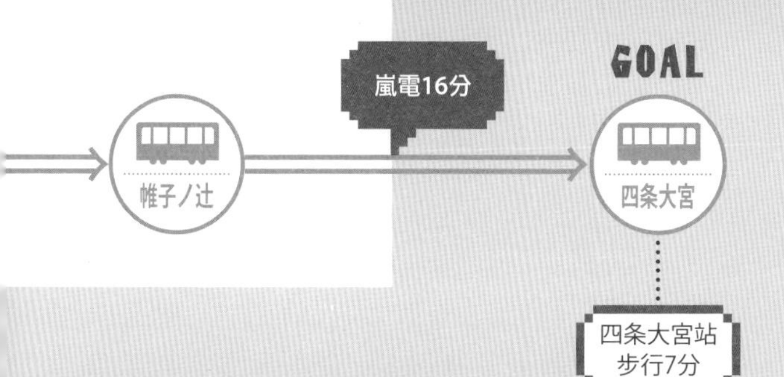

四条大宮站
步行7分

亀屋良長 本店

P.149,A6 京都市下京區四条通油小路西入柏屋町17-19 9:30~18:00，茶房11:00~17:00，和菓子體驗14:00~15:00 休1/1~1/3，和菓子體驗週日休息 $和菓子體驗成人￥3300，高中以下學生￥2750，kameya-yoshinaga.com ❗和菓子體驗2人以上開課，需事先線上預約

被譽為是京菓子名門的亀屋良長，創業時的名菓「烏羽玉」至今已有200年以上的歷史。使用日本最南端「波間島」產的黑糖，嚐起來表層甘甜還有深蘊的糖香，內餡綿密紮實。除了能購買和菓子，亀屋良長還特別開設和菓子教室，在四季皆能體驗製作不同的和菓子。

也可以去這裡❶

竹笹堂

P.149,A6 京都市下京區綾小路通西洞院東入ル新釜座町737 店鋪11:00~18:00，工房10:00~18:00，木版畫體驗教室每月第四個週六10:00~12:00、14:00~16:00 休店鋪週三，工房週日及假日 www.takezasa.co.jp ❗體驗教室為預約制，須提前向店鋪詢問

竹中木版創立於明治24年，作為手工木版印刷師（摺師）工房，屹立在京都街頭百年餘。第五代傳人竹中健司在1999年開設了新品牌「竹笹堂」，除了包裝紙、團扇、扇子等日用品和工藝品外，也運用傳統木版畫的設計元素推出家飾與文具用品。另外不定時會舉辦體驗課程，從選擇題材與圖案、繪圖到雕刻，最後手刷木版畫明信片，與坊間體驗課程相比，是少有的紮實。

也可以去這裡❷

古代友禪苑

P.149.B6 京都市下京區高辻通猪熊西入る十文字町668 9:00~17:00 $型染體驗：手帕￥1430，束口袋￥2420 www.kodaiyuzen.co.jp ❗型染體驗需事前預約。

京友禪為全日本首屈一指的織品，來到古代友禪苑除了可欣賞高級友禪染和服，還可以體驗友禪染的工坊；這裡主要提供「型染」，所謂的型染指的是在布上用型板當模子，再用沾著染料的刷子刷上的染色法，有手帕、束口袋、水壺、T恤、帆布袋等多種選擇，簡單又好玩，適合入門者體驗。另外在紀念品店內也有多種友禪染相關商品可選購。

叡山電車一日乘車券

叡山電車1日乗車券「えぇきっぷ」

只限當天購入使用

一天內隨意搭乘叡山電車

叡山電鐵是旅人參拜、遊玩洛北地區的必經路線，使用這張票券可以一日內無限搭乘叡山電車，連有著大大觀景車窗的展望列車「きらら」以及復古莊嚴的觀光列車「ひえい」都能乘坐，此外還能享有沿線寺廟、餐飲店及土產店的優惠，如果要玩貴船、鞍馬一帶，使用這張票券就是最聰明的玩法了。

1200円
兒童600円

鞍馬山登山車(鞍馬山ケーブル)

鞍馬寺境內，從山門~仁王門到以楓景聞名的多寶塔之間，約有200公尺的爬坡路程，為了幫助遊客省點腳程，這裡特別設置了登山車，只消2分鐘就可以輕鬆上山參觀多寶塔。這段高低差達90公尺的傾斜鐵道，乘坐起來頗有意思。票價單趟成人¥ 200，小學生以下¥100。

叡山電車1日乗車券 えぇきっぷ
Eizan Railway 1-day Ticket
有効区間 Covered Area
Valid on
限り有効

這樣的你適合用這張票

◎想到貴船鞍馬一日往返
◎想探索天狗傳説
◎喜歡輕度爬山行程
◎想探訪叡山電車沿線風景

1日內隨意搭乘叡山電車

能搭乘交通工具

叡山電車	叡山登山車
○	X
京阪電車	**鞍馬山登山車**
X	X

使用範圍

叡山電車全線。

叡山電車一日乘車券

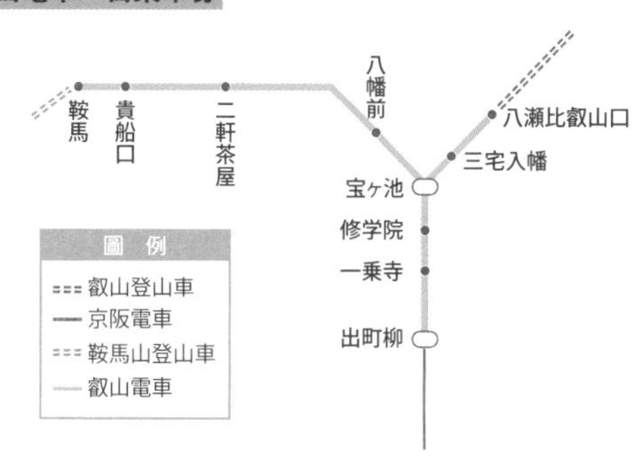

有效期間

於購票機購買的票券僅限購票當日有效；於窗口購買的票券須於下個月底前擇一日使用。

購買地點

購票機：出町柳、八瀨比叡山口、貴船口、鞍馬各站。
窗口：出町柳站、修学院站事務所、京都塔3樓關西旅遊資訊中心

退票

有效期間內若尚未使用，可於購票處退票，但會收取手續費220円。若已押上使用日期則無法退票。

官方介紹網站

eizandensha.co.jp/good-value/eekippu/

如何乘坐叡山電車

1.若在有人車站，進站時將票插入自動剪票口，通過後取回車票；若在無人車站，直接上車即可
2.由第一節車廂的後門上車
3.若在有人車站，從前門下車，通過自動剪票口時插入票券，通過後取回車票；若在無人車站，從前門下車，出示票券的日期面給司機即可

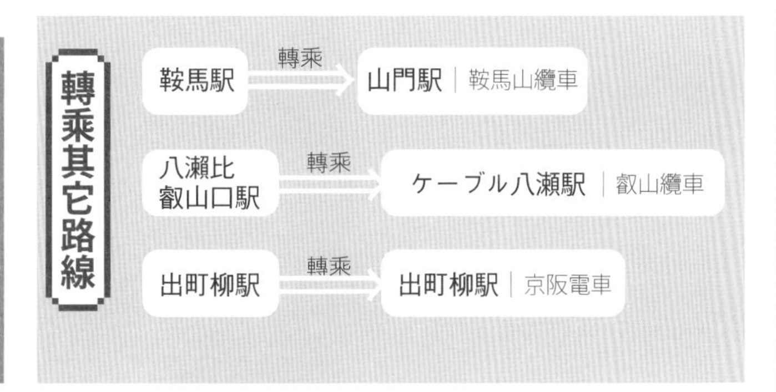

範圍更廣！

也可以用其它票券

◎鞍馬・貴船日歸券／
地下鉄&えいでん 鞍馬・貴船日帰りきっぷ

除了叡山電車全線，還能搭乘三条～出町柳站的京阪電車以及京都市營地下鐵全線，如果從京都市中心沿線出發到鞍馬、貴船，可以考慮使用這張。2000円，無兒童票。

京都大阪都通！

◎叡電・京阪電車一日券／
叡山電車・京阪電車 1日観光チケット

可以搭乘叡山電車全線以及京阪線、石清水八幡宮參道纜車線的京阪電車，如果是從大阪出發到鞍馬貴船一日遊，推薦使用這張。大人2000円、兒童1000円。

COURSE #6

步入深山靈修聖地，一探貴船鞍馬神話色彩

貴船‧鞍馬一日輕旅行

從出町柳站出發，搭乘叡電觀光列車飽覽窗外美景，前往詩仙堂、鞍馬寺、貴船神社等櫻花與楓葉名勝，探究位居山林之間、有著天狗傳說的神祕之地，回程到一乘寺、出町柳地區尋訪充滿文化氣息的書店，坐在鴨川河畔感受京都的慢步調。

お得チケット 6 叡山電車一日乘車券

坐這麼多趟！

原本1540円
⇓ 購票只要
1200円

使用這張票全程省 340円

START

7:45	出町柳站
↓	叡山電車31分
8:30	鞍馬站
↓	叡山電車02分
11:00	貴船口站
↓	叡山電車22分
13:00	修学院站
↓	叡山電車01分
15:00	一乘寺站
↓	叡山電車06分
16:30	出町柳站

GOAL

Check List

沿路必看！

- ☑鞍馬車站大天狗像
- ☑貴船神社紅燈籠石階
- ☑夏季貴船川床料理
- ☑知名書店惠文社
- ☑鴨川跳烏龜石

Point

讓旅行更順暢的小方法

◎可以提前查好展望列車「きらら」和觀光列車「ひえい」的發車時間，搭乘特色列車讓旅途更加難忘。

◎叡山電車市原站與二ノ瀬站之間的「紅葉隧道」非常美麗，秋季一定要來看看！

◎沿線景點較須步行，前一天行程不妨安排輕鬆一些，避免走得太累。

◎如果想體驗貴船川床料理或流水素麵，記得避開雨天。

叡山電車
2分

鞍馬站
步行9分

由岐神社

P.151,B6 京都市左京區鞍馬本町1073 9:00~15:00，依季節而異 $入山通過仁王門時會收愛山費￥500 www.yukijinjya.jp

憑票券 有優惠價

由岐神社奉祀的是鞍馬地區的氏神，神社拜殿構造有如舞台，周圍楓樹密集成林。神社中央是又長又陡的石階參道，屹立著巨大的杉木，杉木頂端綠意參天，秋季時分可見紅豔的楓葉枝椏低垂，吸引遊客在此留影。最有名的就是每年10月22日在此舉行的「鞍馬火祭」，是日本三大奇祭之一。

鞍馬站
步行30分

鞍馬寺

P.151,B5 京都市左京區鞍馬本町1074 9:00~16:00，靈寶殿(鞍馬山博物館)~16:00 休靈寶殿：週二(遇假日順延翌日休)、12/12~2月底 $入山通過仁王門時會收愛山費￥500；靈寶殿￥200 www.kuramadera.or.jp/

憑票券 有優惠價

古代的鞍馬寺據說是惡魔和盜匪出沒之處，傳說日本古代的悲劇英雄──源義經，曾在這裡與紅臉、長鼻子的天狗妖精一起修煉呢。境內包含轉法輪堂、寢殿、本殿、童形六体地藏尊和一座育兒園，本殿內的靈寶殿，收藏許多佛教美術品與名歌人謝野晶子遺物、鞍馬山動植物標本等。想前往鞍馬寺，除了從車站登山步行約半小時，也可以搭乘鞍馬登山小火車到多寶塔，再步行約10分鐘即達。

鞍馬站
步行12分

鞍馬溫泉

P.151,B5 京都市左京區鞍馬本町520 10:30~21:00，冬天~20:00，最終入浴為閉館前40分；餐廳11:30~19:45 www.kurama-onsen.co.jp 目前整修閉館中

京都內並沒有太多溫泉地，而位在鞍馬深處的鞍馬溫泉，以純正天然琉璜泉為號招，吸引大批死忠泡湯客前來。露天風呂被山林圍繞，春櫻夏綠秋楓冬雪，四季皆有不同感受。鞍馬溫泉在車站有免費接駁車，約3分鐘即達。

也可以去這裡

木之根道

P.151,A5 京都市左京區鞍馬貴船町 $入山通過仁王門時會收愛山費￥500

鞍馬寺後山的木之根道連接鞍馬與貴船，長2.5公里，有豐富的自然生態以及數十間小寺廟、戰國武將源義經的遺跡等。山裡的氣氛十分悠靜，走完全程大約是一個半小時。不管從鞍馬或是從貴船走都有高有低，還是得斟酌體力。

貴船口

貴船口站搭乘公車4分

貴船神社

P.151,A5 京都市左京區鞍馬貴船町180 5~11月6:00~20:00，12~4月~18:00（1/1~1/3至20:00）；點燈期間參拜時間延長，詳見官網 kifunejinja.jp

憑票券 贈送紀念品

穿過貴船神社最著名的紅色鳥居後，石塊堆疊的參道兩旁，一枝枝朱紅色的燈籠成排並列，深深淺淺的紅葉掩映著社殿，十分寧靜清幽。貴船神社包括本殿、拜殿、權殿、末社、奧宮等，周圍紅葉遍布，每年秋季的11月初還會舉行稱為「御火焚祭」的紅葉祭。另外，因為貴船神社奉祀京都人最崇敬的水神，每年7月7日這裡舉行的「貴船水祭」，都有許多從事和水有關的行業（如造酒業、料理店、和菓子屋等）前來參加。

貴船神社步行5分

貴船倶楽部

P.151,A5 京都市左京區鞍馬貴船町76 11:00~18:00 www.ugenta.co.jp/kifuneclub.html

憑票券 消費￥1000 贈送蕨餅一份

由貴船的川床料理名店右源太經營的咖啡廳，一整面的開放觀景窗可以眺覽貴船的自然景觀，店內提供抹茶拿鐵或是咖啡等飲品，可以搭配抹茶聖代或是蕨餅來個風雅下午茶，每年的10月到次年5月還有使用貴船名物湯葉做的湯葉丼飯等輕食可以品嚐。

也可以去這裡

貴船 ひろ文

P.151,A5 京都市左京區鞍馬貴船町87 11:00~15:00(L.O.13:30)，16:30~21:00(L.O.18:00)，流水素麵5-9月11:00~13:00，喫茶料理11~4月11:00~16:00(L.O.15:00) 休12/30~1/1、不定休 !流水素麵遇雨天中止，川床遇雨天移至室內

直接面對著貴船神社的旅館，客房下方就是清涼的貴船川，依隨四季變化的京料理也相當風雅。每年5~9月也會推出「川床料理」，讓人可以在溪面上露天享受河中鮮味，最有夏日風情的燒烤香魚，盛裝於冰涼器皿中的季節蔬菜，盡情體驗在溪流上竹筏用餐的樂趣。

叡山電車
22分

修学院

叡山電車
1分

一乘寺

修学院站
步行15分

一乘寺站
步行3分

修學院離宮

P.151,D1 京都市左京區修學院藪添 (日文導覽，80分鐘)9:00、10:00、11:00、13:30、15:00 休週一(遇假日順延翌日休)、年末年始12/28~1/4 kyoto-gosho.kunaicho.go.jp/shugakuin-rikyu 未滿18歲無法參觀；參觀修学院離宮導覽可事先網路預約或當天現場提出申請，每場次有人數限制，建議事先上網預約申請，入場限本人，會現場核對護照；導覽解說為日文，當天現場可借用免費的各國語言導覽機

修學院離宮是德川幕府為了懷柔逼退後水尾上皇所建的一座行宮，宮內占地54萬平方公尺，包括離宮、茶室、神社和三處稱作御茶屋的庭園，至今仍由皇室管理。上御茶屋是典型的築山迴廊式庭園，下御茶屋的地勢最低，屬於池泉觀賞式庭園，而中御茶屋內部最令人感興趣的是杉板門上的鯉魚圖案。

也可以去這裡

CAFE Uchi

P.151,C1 京都市左京區山端森本町 21-24 北原ハイツ 1F 11:00~18:00(L.O.17:30) 休週一～三、不定休，詳見官網 cafeuchi.wixsite.com/website

CAFE Uchi 充滿老時光的韻味，將京都原生的魅力發揮得自然而然。從裸麥檸檬皮麵包、奶油起司麵包、抹茶波羅到法式鹹派，種類雖然不多，用小竹盤裝著的一個個麵包都精緻可愛得像櫥窗樣品。

惠文社

P.151,C2 京都市左京區一乘寺 殿町10 11:00~19:00 休1/1 www.keibunsha-books.com

左京區從北白川到一乘寺這段路被稱為「書蟲小徑」，不但京都大學和京都造型藝術大學都在這條線上，還有一間文青最愛、豐沛京都人精神生活的惠文社。聞名全日本的「惠文社」雖然遠離市中心，但因為除了店裡販售的書籍、舉行的展覽、嚴選與惠文社氣質相符的各式生活雜貨、文具、CD、DVD、服飾等，仍吸引許多人特地搭車前來朝聖。

也可以去這裡

中谷

P.151,C2 京都市左京區一乘寺花ノ木町 5 9:00~18:00(茶屋 L.O.17:00) 休週三 ichijouji-nakatani.com

憑票券
購物滿¥1000
可享95折

位在一乘寺下り松附近的中谷，是間結合西洋與日式菓子的店舖。原先以一乘寺名菓「蒸羊羹」起家的中谷，在第三代的創新下，結合西洋菓子技法也研發出許多點心。老字號的蒸羊羹指的就是將丹波產的紅豆與米粉一同煮爛，用竹葉包起來蒸熟的羊羹。

一乘寺站
步行14分

詩仙堂

P.151,D2 京都市左京區一乘寺門口町27 9:00~17:00(入場至16:45) 休5/23 成人¥700，高中¥500，國中小¥300 kyoto-shisendo.net/

詩仙堂的庭園之景以5月下旬時五月杜鵑花開和秋天紅葉時間最迷人，堂內收藏著日本知名畫家狩野探幽所畫的中國漢晉唐宋三十六位詩人，包括蘇軾、陶淵明、韓愈、柳宗元、杜甫、李白等，詩仙堂因而得名。11月深秋時，紅葉和綠竹各佔半天顏色，透過山間迷濛的霧氣剛好將秋天的氣氛帶到最高點。

也可以去這裡❶

八大神社

憑票券 御守或繪馬享折扣價

P.151,D2 京都市左京區一乘寺松原町1 www.hatidai-jinja.com

八大神社建於永仁2年（西元1294年），主要供奉的是嗚盞嗚尊與稲田姫命。古時候人們來這裡祈求農耕、山林方面的願望，近年更是以「結緣神社」廣為人知。傳説劍聖宮本武蔵曾在這裡與吉岡一門決鬥，而此處也是時代劇宮本武蔵的拍攝地之一，是許多宮本武蔵迷的必訪聖地。

也可以去這裡❷

曼殊院

憑票券 成人票優惠價

P.151,D2 京都市左京區一乘寺竹ノ內町42 9:00~17:00，售票至16:30 成人¥600，高中¥500，國中小¥400 www.manshuinmonzeki.jp

曼殊院的枯山水庭園具禪風又有王朝的風雅，在日本的庭園建築中，有相當高的評價，秋天紅葉時分更是名勝之地。枯山水庭園以大書院為舟、白砂為流水，綠松、杜鵑、苔原等點綴其間。從大書院的茶室看出去的主要景觀是霧島杜鵑，一欉欉剪成圓形矮木的杜鵑，在五月初旬花開時節，增加庭園的色澤。

也可以去這裡❸

圓光寺

P.151,D2 京都市左京區一乘寺小谷町13 9:00~17:00，秋季特別拜觀8:00~17:00 成人¥600、國小~高中¥300；秋季特別拜觀成人¥1000、國小~高中¥500 www.enkouji.jp

圓光寺的前身是德川家康創建的學問所，寺內保存有日本最古老的活字印刷五萬個，被指定為重要文化財。庭園有水琴窟、栖龍池，春天的新綠和秋季的紅葉都別有風味，陽光映在紅葉上演繹出特別的氛圍。

叡山電車
6分

GOAL

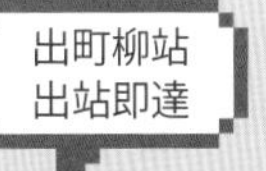

出町柳

出町柳站
步行7分

出町柳站
出站即達

下鴨神社

P.151,B3 京都市左京區下鴨泉川町59 6:00~17:00，特別拜觀「大炊殿」10:00~16:00 自由參拜；特別拜觀「大炊殿」高中以上￥1000 www.shimogamo-jinja.or.jp

有著朱紅外觀的下鴨神社，擁有古典的舞殿、橋殿、細殿與本殿等建築，全部的殿社建築皆按照平安時代的樣式所造，線條簡潔卻帶著濃濃的貴族氣息。下鴨神社的本殿不但是國寶，更是每年5月舉行的京都兩大祭典流鏑馬(5月3日)與葵祭(5月15日)的重要舞台，過年時的蹋足球儀式「蹴鞠始め」也是一大盛事，穿著平安時代貴族衣飾的人物按照古代的儀禮舉行各項活動，時空彷彿瞬間拉回了千百年前風雅的平安朝。

也可以去這裡

河合神社

P.151,B3 下鴨神社境內 6:30~17:00

河合神社為下鴨神社裡的摂社，位在廣大的糺之森裡，想要祈求變美，便不能錯過。這裡於神武天皇時期創建，主祭神的玉依姫命自古便被視為女性的守護神，安產、育兒、結緣等與女性相關的祈願皆由其掌管，也因為如此，這裡終日充滿女性參拜客所，除了買個鏡繪馬供奉外，還有木瓜煮出來的美容水、結緣御守等，深受歡迎。

鴨川跳烏龜

P.151,B4 鴨川

來到出町柳，千萬別忘了來到賀茂川與高野川的交匯處這頭跳烏龜！由烏龜、千鳥等形狀組成的石頭就這麼橫布在淺淺的鴨川上，人們喜歡邊數邊跳至對岸，趣味無窮。在跳時，除了要注意對面是否也有人跳來別撞上了，也會意外發現，石頭與石頭的間隔其實挺大的呢！

電車+巴士自由區間 + 叡山登山車+纜車 + 設施折扣 + 每年3月中旬~12月上旬

京都前往比叡山必備票券

4項交通工具隨意搭

比叡山延暦寺巡拝一日券 叡電版

比叡山延暦寺巡拝 叡山電車きっぷ

3400円
兒童1600円

這張是比叡山日歸行程最基本款的優惠票券，除了叡山本線的叡山電車，還能搭乘叡山登山車、叡山纜車，輕鬆直達比叡山延暦寺，還有附贈比叡山延暦寺的諸堂巡拜券，並提供餐飲店、土產店折扣以及比叡花園博物館的入園優惠，只要每項交通工具都使用就會回本！

〈比叡山延暦寺巡拝券付〉
比叡山延暦寺巡拝 叡山電車きっぷ
《フリー乗降区間》
叡山電車（出町柳～八瀬比叡山口）・叡山ケーブル・叡山ロープウェイ・
比叡山内シャトルバス（比叡山頂～東塔～延暦寺バスセンター～西塔～横川）
《施設利用券》比叡山延暦寺（東塔・西塔・横川 巡拝券）
大人 Adult 3,400 円
利用日

這樣的你適合用這張票

◎對佛教聖地、寺廟有興趣
◎要從京都這一側登上比叡山
◎懶得算車程使用優惠券有沒有回本
◎覺得分段買票很麻煩，想一張票走透透

京都～比叡山1日內交通工具隨意搭乘

能搭乘交通工具

叡山電車(區間)	叡山纜車(ロープウェー)	坂本登山車(ケーブル)
○	○	X
叡山登山車(ケーブル)	**比叡山內巡迴巴士**	**京阪電車**
○	○	X

使用範圍

叡山電車（出町柳～八瀬比叡山口）、叡山登山車、叡山纜車、北叡山內巡迴巴士（比叡山頂～橫川）

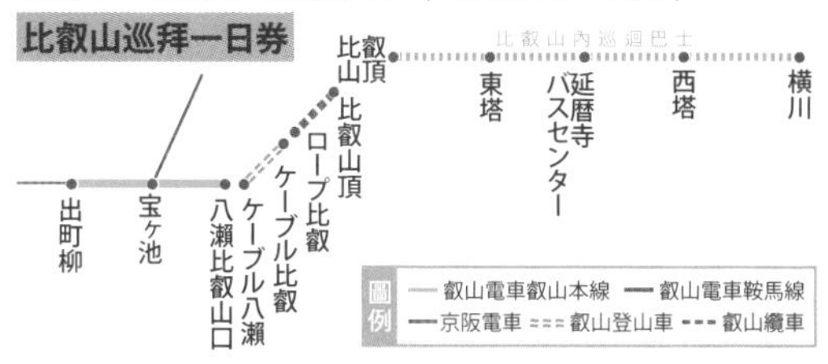

有效期間

購票後須於下個月底前擇一日使用，但11月之後購買的票券僅可於12月販售時間結束前使用。

購買地點

出町柳站、京都塔3樓關西旅遊資訊中心。

退票

有效期間內若尚未使用，可於購票處退票，但會收取手續費220円。若已押上使用日期則無法退票。

官方介紹網站

eizandensha.co.jp/good-value/hieizan_jyunpai/

比叡山延曆寺

比叡山延曆寺位於比叡山山頂，是天台宗大本山。天台宗最澄法師在山上苦修7年之後，於西元788年所建立的延曆寺，其實並無實體建築，而是所有比叡山上的廟宇堂塔都為延曆寺。平安時代末期，延曆寺勢力達到最高峰，當時山上總共建有3000坊。南北朝戰國時代，政經大權在握的延曆寺僧侶被視為擾動政權的根源，西元1571年織田信長征討此地，放火焚燬所有寺院建築，直到17世紀，比叡山延曆寺才得以重建。比叡山建築群可分為稱作「三塔」的三大區域，分別為東塔、西塔和橫川。

也可以用其它票券

從大阪出發選這張！

◎比叡山延曆寺巡拝一日券 京阪線版／比叡山延曆寺巡拝 京阪線きっぷ

比叡山電車版還多了京阪電車的京阪線全線、石清水八幡宮參道纜車可搭乘，還多了京阪沿線景點、店家的優惠折扣，如果從大阪出發到比叡山一日往返，推薦用這張。大人4000円，兒童1900円。

換個角度登山！

◎比叡山延曆寺巡拝一日券 大津線版／比叡山延曆寺巡拝 大津線きっぷ

可以搭乘京阪電車的大津線全線、坂本登山車、江若巴士和比叡山內巡迴巴士，可以從琵琶湖一側登上比叡山，體驗不同角度的山湖風光，也能享有京阪沿線景點、店家的優惠折扣。大人3600円、兒童1700円。

COURSE #7

隨著纜車深入山林，
朝聖世界遺產

比叡山世界遺產一日巡禮

比叡山延曆寺就像是佛教的大學講堂，許多佛教高僧皆出自比叡山，搭乘叡電、登山車、纜車與公車遊歷比叡山，一次體驗多種交通工具樂趣，看盡重要文化財，若是秋季來訪，滿山紅楓更是精彩無比。

坐這麼多趟！

原本5260円
⇓ 購票只要
3400円
使用這張票全程省1860円

START

- 9:30 出町柳站
- ↓ 叡山電車14分
- 10:00 八瀬比叡山口站
- ↓ 叡山登山車、纜車15分
- 12:30 比叡山頂站
- ↓ 比叡山內巡迴巴士03分
- 13:00 延曆寺バスセンター站
- ↓ 比叡山內巡迴巴士03分
- 14:00 西塔站
- ↓ 比叡山內巡迴巴士03分
- 15:00 横川站
- ↓ 原線折返70分
- 17:15 出町柳站

GOAL

Check List

沿路必看！

- ☑期間限定琉璃光院楓樹光景
- ☑別具趣味的貓貓寺
- ☑延曆寺重要文化財
- ☑從叡山纜車眺望市景

Point

讓旅行更順暢的小方法

◎這條路線秋季賞楓時節十分壯麗，很推薦登山一覽。當然在夏季避開人潮到山上避暑也是很不錯的選擇。

◎比叡山上交通工具班次不多，像是從横川站返回比叡山頂站的巴士末班車在16:10發車，一定要提前查好時間，千萬別錯過了。

◎叡山纜車末班車為18:00，記得注意下山時間。

◎只要每個交通工具都有使用到就會回本！

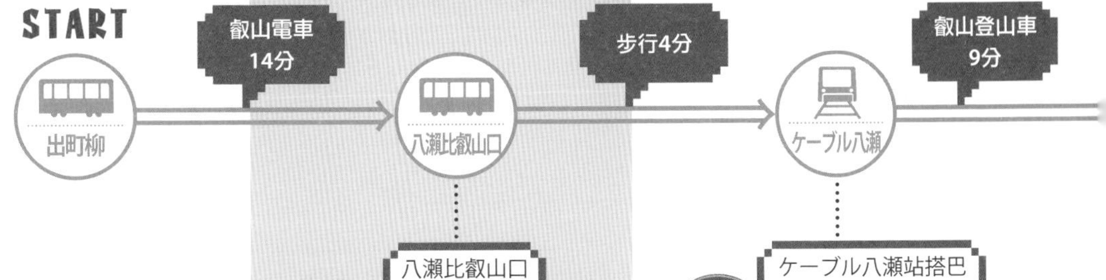

瑠璃光院

P.152,A6 075-781-4001 京都市左京區上高野東山55 10:00~17:00，售票至16:30；僅春夏秋三季開放，春季4月中~5月底、夏季7月中~8月中、秋季10月初~12月初，詳見官網 大人￥2000，國中以上學生￥1000 rurikoin.komyoji.com 秋季開放期間會限定一段期間為限定預約入場，需先從官網預約才可入場

位在八瀬的瑠璃光院，只有在限定期間開放特別拜觀時才能得以一窺其祕。被大片楓樹包圍的山門，讓人未進門前就先被大氣的風景震懾，穿過前庭，先會看到水池裡的大錦鯉，順著動線前進，會先到2樓書院，這裡是最美的地方，一旁也有寫經可以體驗。

八瀬紅葉小徑

P.152,A6

秋天時分從叡山電車的八瀬比叡山口駅下車，越過澄澈的高野川，處處皆是楓紅美景。而在登山車八瀬站一旁的紅葉小徑，雖然短短一小段，但沿路有水力發電廠的遺跡、遷都一千年紀念塔等，每到秋季楓紅最盛時，還會在夜間打上燈光，製造夢幻華麗的錦秋景色。

猫猫寺 開運ミュージアム

京都市左京區八瀬近衛町520 11:00~17:00，週末及假日~18:00 週二 大人￥800，國小~高中￥600，依展覽內容調整價格 nyannyanji22.www2.jp/

位在比叡山麓的猫猫寺，全名為「招喜猫宗総本山猫猫寺」，以貓為主題，設了個神龕，供奉了大日猫來神，但這裡可不是寺廟，而是間貓咪美術館兼貓咪雜貨賣店。充滿玩心的老闆加悦徹，是傳統寺社的繪師，還有個繼承衣缽兒子加悦雅乃，小小年紀便得遍海內外各大獎項，館中的貓貓襖繪便是出自其手。除了各種造型的貓狗雜貨之外，運氣好時還會遇到貓住持。

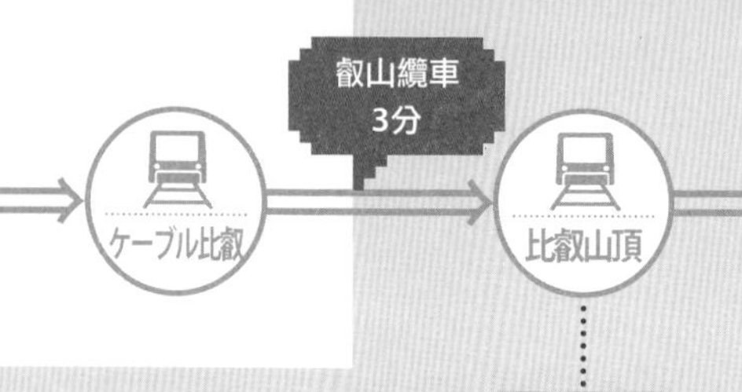

比叡山內巡迴巴士3分

延暦寺バスセンター

比叡山頂站步行1分

延暦寺バスセンター站步行3分

比叡花園美術館

P.152,A6 京都市左京區修學院尺羅ヶ谷四明ヶ嶽4(比叡山頂) 10:00~17:30，僅有4月底至12月初開放，秋季~17:00，最終入園為閉園前半小時，詳見官網 休開園期間週四、冬季 國中以上￥1200，國小￥600；冬季閉園前兩周國中以上￥600，國小￥300。 www.garden-museum-hiei.co.jp

憑票券門票折價

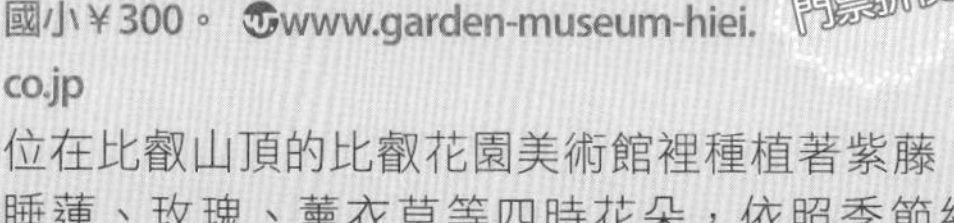

位在比叡山頂的比叡花園美術館裡種植著紫藤、睡蓮、玫瑰、薰衣草等四時花朵，依照季節綻放，並配合景觀裝飾莫內等西洋印象派畫家的複製陶板畫。展望台上可看到滋賀縣的琵琶湖景，還可以在花園裡喝咖啡或參加押花或調香的體驗課程。

根本中堂

共通券

P.152,B5 延曆寺東塔 9:00~16:00，售票至15:45 東塔・西塔・橫川共通券成人￥1000，國高中￥600，國小￥300 根本中堂現正進行10年大改修，但內部仍可參觀

根本中堂為延曆寺總本堂，超過百年的歷史已登錄為國寶建築，堂內持續燃燒了1200年的「不滅法燈」更是延曆寺的至寶。開山傳教大師最澄法師將佛陀的教誨比喻為光明，設立法燈，並願其永不熄滅，因此僧侶們每天都會增添燈油避免燈火斷絕，遭祝融時曾一度斷絕，其後特地自分至山形縣立石寺的法燈再分燈回寺，奉於堂內。

也可以去這裡

鶴㐂蕎麥麵 比叡山大講堂店

P.152,B5 延曆寺東塔大講堂 9:00~15:30 tsurukisoba.co.jp

位在東塔大講堂內的鶴㐂蕎麥麵，一直提供最平實的美味料理給來此參拜的信眾們。想品嚐美味餐點，先得至販券機購買食券，再至櫃台交給工作人員。鶴蕎麥麵的麵體較為柔軟，不太有麵條的筋性，蕎麥味道也不重，湯頭甘醇不死鹹，在比叡山爬上爬下地走了一上午，很適合來這裡吃碗門前蕎麥麵填填肚子。

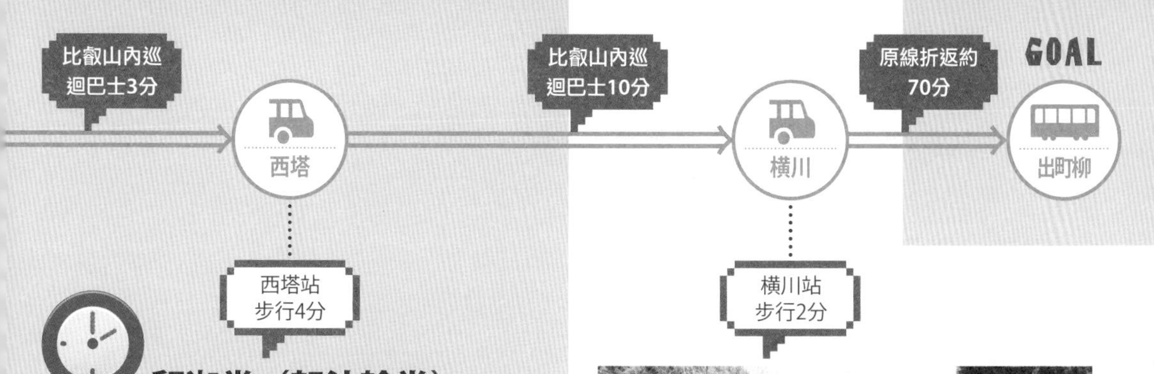

釈迦堂（転法輪堂）

P.152,A5 延曆寺西塔 3~11月9:00~16:00，12~2月9:30~16:00，售票至15:45 東塔・西塔・橫川共通券成人￥1000，國高中￥600，國小￥300

票券已含共通券

西塔的中心轉法輪堂，其內供奉本尊釋迦如來高達3公尺，由最長上人建造，所以也被稱為「釋迦堂」。釋迦堂是延曆寺現存建築中最古老的，自從比叡山被信長攻討燒燬後，豐臣秀吉在1595年下令將三井寺園城寺的金堂（建於1347年）移到比叡山，其便是釋迦堂的原身。

橫川中堂

票券已含共通券

P.152,B4 延曆寺西塔 3~11月9:00~16:00，12~2月9:30~16:00，售票至15:45 東塔・西塔・橫川共通券成人￥1000，國高中￥600，國小￥300

橫川中堂又稱為首楞嚴院，是第三世天台座主慈覚大師圓仁於848年所開創的，主要奉祀觀世音菩薩，在初建之時稱為根本觀音堂。早期建築在信長的攻討時燒燬，現在看到朱紅色的舞台造建物，是昭和46年才再建的，豔紅色的朱塗在佛寺之中並不常見。

也可以去這裡

元三大師堂（四季講堂）

票券已含共通券

P.152,B4 延曆寺橫川 3~11月9:00~16:00，12~2月9:30~16:00，售票至15:45 東塔・西塔・橫川共通券成人￥1000，國高中￥600，國小￥300

慈恵大師良源是深受信眾愛載的高僧，被稱為元三大師、角大師、厄除大師等，而元三大師堂則是其晚年的住所。這裡也是抽籤運的起源，但並不是由信眾自己抽，而是必需在參拜時先誠心祝禱，之後將問題寫下，由經過重重修行的僧侶來為你抽出運勢，並以佛法為你指點迷津。

大津觀光乘車券
OTSU SIGHTSEEING PASS

從大津一覽琵琶湖

一天內隨意搭乘京阪電車大津線

海外販售
500円
日本國內
600円
無兒童票

滋賀縣琵琶湖是日本最大湖泊，周邊絕美景色令人嚮往，而大津觀光乘車券就是可以從大津一探湖泊美貌的好用票券，不但可以搭乘京阪電車大津線全線，也能享有京阪電車沿線景點、店家優惠折扣。

電車跑在汽車道上的奇景!!

大津市中心區有三條電車軌道交錯行經，分別是JR東海道、較靠近琵琶湖的京阪電鐵石山坂本線，另外一條就是京阪電鐵京津線。一般鐵道大都與車道分行，但京津線在最後一段的上栄町駅～びわ湖浜大津駅，鐵軌就直接鋪在汽車道間，形成汽車與電車並進的奇景，而京津線電車的設計外觀相當多樣，也吸引鐵道迷們前來取景拍照。

這樣的你適合用這張票

◎想一睹琵琶湖風采
◎喜歡慢步調旅行
◎微鐵道迷，喜歡拍攝鐵道風景
◎不善於規劃轉車行程，想要一條線玩到底

1日內隨意搭乘京阪電車大津線

能搭乘交通工具

京阪電車（區間）	JR線
○	X
坂本登山車（ケーブル）	**京都市營地鐵**
X	X

使用範圍

京阪電車大津線（御陵~びわ湖浜大津、坂本比叡山口~石山寺）。

大津觀光乘車券

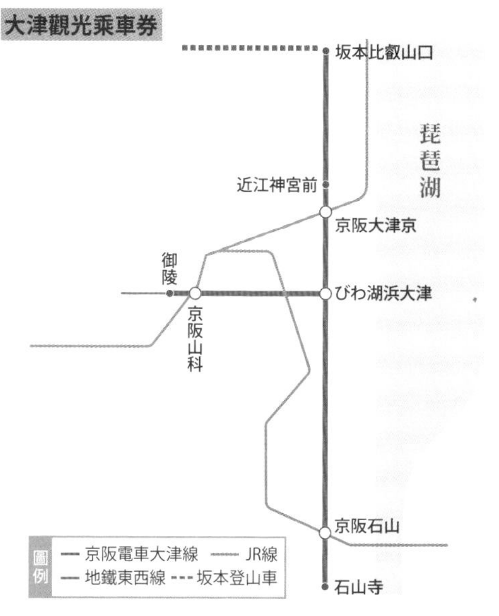

有效期間

使用期限內任選一日。

※每年4/1~隔年3/31購買的票券使用期限為隔年4/30前。

購買資格

持短期停留簽證的外國旅客，購買時須出示護照。

購買方法

可以在台灣代理店內購買，至日本後再持QR Code換車票。也可以抵達日本後直接購買，在日本購買價格會貴100円。

取票地點

QR Code兌換：京阪電車京阪山科、びわ湖浜大津、三条、淀屋橋、北浜、天滿橋、京橋各站。

現場購票：京阪山科站、びわ湖浜大津站。

退票

一經售出，無法退票。

其它

乘坐指定席車廂Premium Car須另行付費。

官方介紹網站

www.keihan.co.jp/travel/tw/trains/passes-for-visitors-to-japan/otsu.html

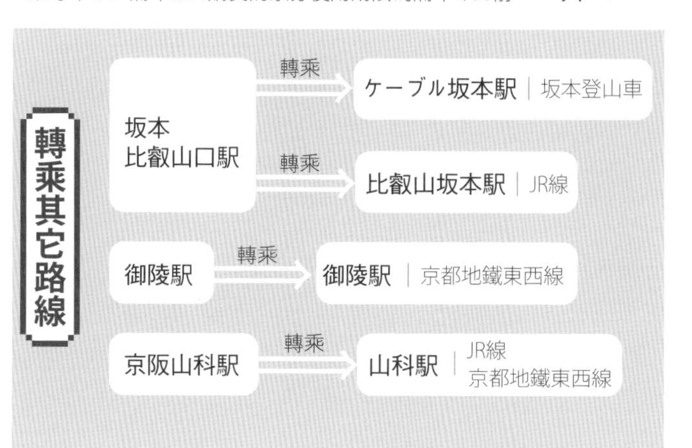

範圍超級廣！

也可以用其它票券

◎關西鐵路卡／KANSAI RAILWAY PASS

自由搭乘關西地區的地下鐵及私鐵，範圍擴及京阪、神戶/姬路（兵庫）、奈良、和歌山及滋賀地區，抵達關西機場後即可使用南海電鐵直達市區，而且不須連日使用，還能在各景點、店家享有優惠。2日版5600円，3日版7000円，6-11歲兒童半價。**→詳見P.016**

COURSE # 8

搭上遊覽船，揭開琵琶湖神秘面紗

一日悠遊琵琶湖畔大津市

先搭乘京都市營地鐵前往京阪山科站購入票券，展開一天行程。沿著京阪大津線到大津港，搭上美式復古風情的密西根號，一覽孕育萬物千年的琵琶湖，尋訪隱身於寺廟、神宮中的四季風采，遠離人群，悠閒漫步於琵琶湖畔的大津。

坐這麼多趟！

原本1220円
⇓ 購票只要
500円

使用這張票全程省 **720円**

START

9:00	京阪山科站
↓	京阪電車30分
9:30	石山寺站
↓	京阪電車24分
11:30	近江神宮前站
↓	京阪電車9分
14:00	坂本比叡山口站
↓	京阪電車16分
16:30	びわ湖浜大津站
↓	京阪電車14分
20:00	京阪山科站

GOAL

Check List

沿路必看！

☑密西根號遊覽琵琶湖
☑大津祭壯觀的曳山
☑感動紫式部的石山寺風景
☑尋找日吉大社藏在建築各處的神猿雕刻

Point

讓旅行更順暢的小方法

◎京阪山科～坂本比叡山口或石山寺站單程330円，光是來回就值回票價！
◎大津在每年10月初會舉行盛大的大津祭，巨大的曳山（三輪大型山車）非常壯觀，很值得一看！
◎除了琵琶湖遊輪密西根號，在大津港也可以搭乘各種季節限定或竹生島遊覽船，這些航程都非常熱門，建議先官網預約。
◎1月到2月初大多遊覽船都停駛，想乘船建議避開這段時間。

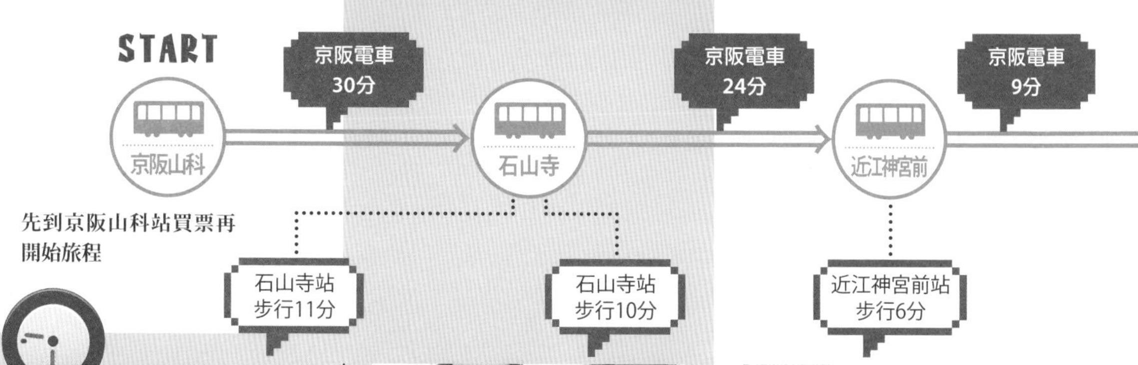

石山寺

滋賀縣大津市石山寺1-1-1 8:00~16:30，入山至16:00 入山費國中以上￥600，國小￥250；入山‧本堂內陣‧豐浄殿套票國中生以上￥1100 www.ishiyamadera.or.jp

根據源氏物語記載，平安時代的貴族流行到石山寺朝拜，稱為石山詣，而源氏物語的作者紫式部也多次到石山時朝拜，傳說紫式部就是在石山寺寫下源寺物語。如想知道紫式部如何被石山寺的風景感動，前往金堂後的山林間散步一番，石山寺的紅葉沿著瀨田川燃燒，是滋賀縣著名的紅葉必賞景點之一。

茶杖藤村

滋賀縣大津市石山寺1-3-22 10:00~17:00(L.O.16:15)，周末假日9:00~18:00(L.O.17:00) 休週二(遇假日營業)

受到曾住在石山寺的文人島崎藤村的作品「茶丈記」影響，茶杖藤村從店名到店內的氛圍都將「茶丈記」的風物詩轉換在這裡。以京都高雅的和菓子意象做展現，採用講究食材做為製作原料，尤其以丹波紅豆系列甜點最受歡迎。

也可以去這裡

瀨田川・琵琶湖「一番丸」遊覽船

滋賀縣大津市石山寺港 國中以上￥2000，國小￥1000 www.lakewest.jp/

琵琶湖水悠緩流入石山寺前方的瀨田川，沿途景致優美。蒸汽船復古造型的一番丸遊覽船，會繞行瀨田川至琵琶湖口處，途經日本三大名橋之一的「瀨田唐橋」再繞回來。

近江神宮

P.157,A4 滋賀縣大津市神宮町1-1 6:00~18:00；時計館宝物館9:30~16:30，入館至16:15 休時計館宝物館週一(遇假日開館) 時計館宝物館高中以上￥300，國中小￥150 oumijingu.org

近江神宮祭祀的天智天皇所作的和歌是《百人一首》裡的第一篇，因此這裡被視為是歌牌的聖地，許多歌牌大賽都在此舉辦。神宮內的時計博物館是日本第一座時鐘博物館，展示從古至今東西方的時鐘，二樓的寶物館則收藏許多神社傳承下來的寶物。

京阪電車 16分

坂本比叡山口 → びわ湖浜大津

坂本比叡山口站步行9分

日吉大社

滋賀縣大津市坂本5-1-1 9:00~16:30 成人￥500，國高中￥300 hiyoshitaisha.jp

日吉大社位在京都東北方「表鬼門」方位，是鎮守京都鬼門的重要神社。境內神佛共處，主要分為東、西本宮兩大區域。東本宮供奉的是被稱作「山王」的「大山咋神」，原本是比叡山的山神，延曆寺建立後也被視為延曆寺的守護神。山王神使是神猿，所以神社境內不但有猴子、猴子繪馬，還有一處神猿塚。

也可以去這裡

坂本登山車

滋賀縣大津市坂本本町4244 8:00~17:30，12~2月8:30~17:00，每半小時一班 單程成人￥870，小孩￥440；來回成人￥1660，小孩￥830 www.sakamoto-cable.jp

要到比叡山延暦寺，除了從京都搭乘叡山纜車，也可以由此乘坐坂本登山車。坂本登山車是日本最長登山車，高低差484公尺，復古歐風的車體分別以「緣」與「福」命名，沿途能遠眺琵琶湖壯大的美景，而且ケーブル坂本駅與位在山頂的ケーブル延暦寺駅兩站的建築，至今仍保留1927年開業時的樣貌，皆被列為有形文化財。

大津祭曳山展示館

P.157,B5 滋賀縣大津市中央1-2-27 9:00~18:00，最終入館17:30 休週一(遇假日順延翌日休) 國中以上￥150，國小￥70 www.otsu-matsuri.jp/pavilion

從江戶時期開始每年10月盛大舉辦的大津祭，盛大又熱鬧，每年祭典會出動的13台山車，其中一台模型就展示在這裡，一入門就會被高達兩層樓的山車所震懾，除了站下方仔細觀賞，上了2樓也可以看到山車頂部的人偶及內部。館內除了展示祭典相關物件及影片，1樓也有祭典的擊鼓自由體驗區。

びわ湖浜大津
站步行5分

琵琶湖遊輪密西根號

P.157,B4 滋賀縣大津市浜大津大津港 有60分鐘、90分鐘及夜間航程，各航班開放日期及時間不同，詳見官網 60分鐘航程國中以上￥2400，國小￥1200；90分鐘航程國中以上￥3000，國小￥1500；夜間航程國中以上￥3200，國小￥1600 www.biwakokisen.co.jp

琵琶湖相當大，周邊有好幾個重要城市，其中最大的是大津，遊覽琵琶湖最重要的觀光船——密西根號即是由大津港出發。密西根號是仿自美國的復古式輪船，乘船不但可以飽覽琵琶湖風光，還能欣賞船上的美國歌舞秀，非常有美國觀樂慶典氛圍。夜間航程在晚餐後上樓到夾板上，還有精采的樂團現場演唱，從披頭四的流行歌到密西西比的鄉村歌謠，陪你一起度過熱鬧又愉快的夜晚。

也可以去這裡

縱走雪見船

P.157,B4 077-524-5000 滋賀縣大津市浜大津大津港 冬季末週六~週一及假日，詳見官網 單程成人￥4500，小孩￥2250；來回成人￥6000，小孩￥3000 www.biwakokisen.co.jp 需事先預約，預約人數未達15人則取消

每年到了冬季，琵琶湖渡輪就會規劃賞雪船的行程，由大津港出發，經過雄琴溫泉港、琵琶湖大橋到達長浜，全程共需2小時20分，是可以放鬆心情欣賞琵琶湖美景的好時光。在航程中，可以看到著名的沖島、多景島等。航程中剛好遇到用餐時間的話，也可以事先預約船上的便當享用。

びわ湖浜大津
站步行5分

琵琶湖噴水秀

P.157,B4 滋賀縣大津市浜大津大津港 19:30~20:30，依季節而異，詳見官網 休每月第2、4周的週三(遇假日順延翌日休)、天候不佳時 www.pref.shiga.lg.jp/ippan/kendoseibi/kasenkoan/19161.html

視野廣闊又有港邊寬闊散步道、草皮區、餐廳與商店娛樂複合大樓A-Qus的大津港，不僅是搭乘密西根號遊船出發的據點，也是許多遊客或在地人傍晚散步放鬆、賞夕陽美景的好地方。尤其傍晚時分，密西根號遊船背景趁著晚霞一路駛回到港邊停泊，夜色低垂後，港邊外的堤防長達440公尺長、高達40公尺的水花向上噴發，在不同燈光變化照耀下優雅起舞，既美麗又夢幻。

電車+巴士自由區間
登山車
個人纜車
+
設施折扣

海之京都天橋立・伊根周遊券

海の京都 天橋立・伊根フリーパス

1日／2日內體驗天橋立

伊根區域內5種不同交通工具

1日3550円
兒童1780円
2日4550円
兒童2280円

這張票券除了搭乘丹後鐵道，還能搭乘遊覽天橋立、伊根周遭所需的4種交通工具，能一次體驗海上列車、個人纜車、觀光船等不同樂趣，還有登山巴士和腳踏車租借優惠，一張票在手就能走透透。無論從京都或大阪前往天橋立單程皆須至少兩小時以上，十分建議使用2日券，在此從容住一晚，悠閒感受海之京都的愜意與美好。

1日/2日天橋立、伊根交通工具隨意搭乘

能搭乘交通工具

京都丹後鐵道	路線巴士(區間)	傘松公園登山車 個人纜車
○	○	△*
天橋立觀光船	**伊根灣遊覽船**	**JR線**
○	○	X

*天橋立傘松公園登山車或個人纜車僅限搭乘往返一趟，非無限次自由搭乘

使用範圍

京都丹後鐵道、路線巴士（宮津駅～天橋立駅前～天橋立ケーブル下～伊根湾ぐりり・日出～伊根）、天橋立觀光船、天橋立傘松公園登山車或個人纜車、伊根灣遊覽船。

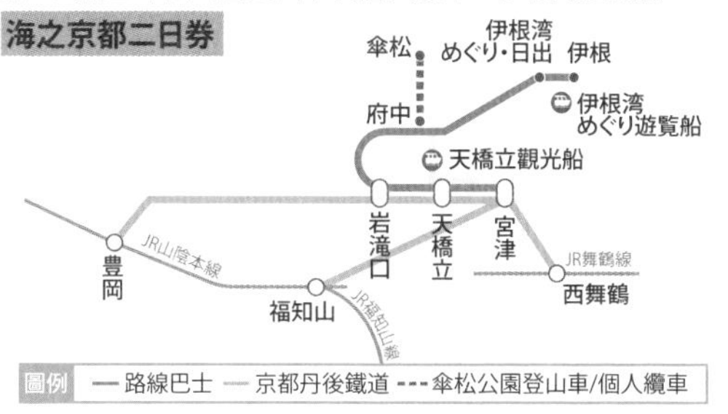

有效期間

指定日期當日或指定日期起連續2日。

購買地點

宮津棧橋宮津案內所、天橋立棧橋旅客船營業所、京都丹後鐵道有人車站。

退票

一經售出，無法退票。

其它

京都丹後鐵道限搭乘普通列車、快速列車和特急自由座，若要搭乘觀光列車「赤松號」，需另購乘車整理券；若搭乘特急指定席，需另購特急指定席券。無法搭乘觀光列車「黑松號」。

官方介紹網站

www.tankai.jp/tourist_tickets/#uminokyoto1day

這樣的你適合用這張票

◎喜歡郊區慢旅

◎想到天橋立、依根一帶優遊2日

◎旅途中沒有安排使用關西廣域鐵路舟遊券

◎想體驗多種不同交通工具

◎覺得分段買票很麻煩，想一張票走透透

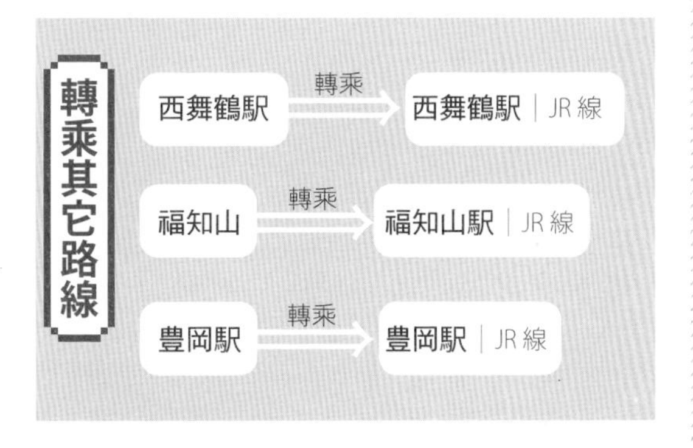

也可以用其它票券

搭配關西廣域周遊券很好用！

◎丹後天橋立伊根二日券／丹後天橋立伊根フリー

跟「海之京都天橋立．伊根周遊券」非常類似，只有販售二日券，最大的差別是無法搭乘丹後鐵道、可以免費搭乘成相寺登山巴士。如果想利用JR關西廣域鐵路周遊券（**→詳見P.006**）、或是從京都搭乘公車直達天橋立遊玩，搭配使用這張會較划算！大人3500円、兒童1750円。

自駕推薦這張！

◎伊根傘松觀光券／伊根傘松観光券

兩天內可以搭乘天橋立傘松公園登山車或個人纜車（往返）、成相寺登山車（往返），以及伊跟灣遊覽船一趟，適合自駕來此遊玩的旅人。大人1800円、兒童900円。

COURSE #9

START DAY 1 西舞鶴

乘上神隱少女裡的海上列車，到海邊小鎮住一晚

天橋立·伊根 一泊二日深度慢旅

天橋立、伊根一帶被稱為海之京都，沙洲杉樹、舟屋形成的靜謐海岸風景和京都市區的古都氛圍截然不同。搭上海上列車前往伊根，住進漁業與生活結合產生的舟屋，在海浪輕柔拍打聲中沉沉睡去，再到天橋立漫步美麗沙洲松樹林間，幽靜的海之京都既充滿魅力又能讓心靈沉靜。

お得チケット 9 海之京都 天橋立・伊根周遊券

坐這麼多趟！

原本5400円 ⇓ 購票只要 4550円

使用這張票全程省 850円

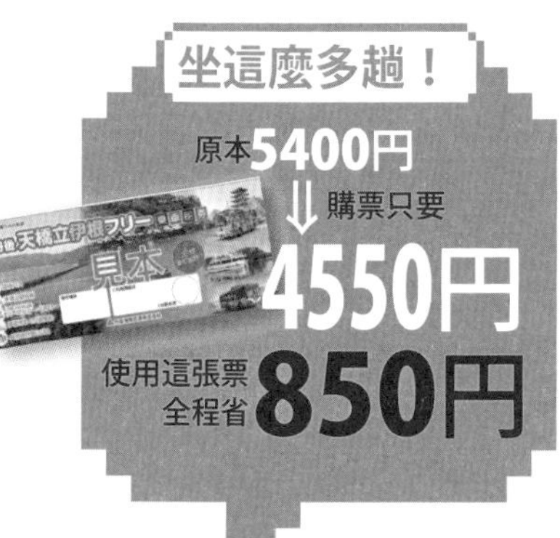

DAY 1 START

10:13	西舞鶴站
↓	丹後あかまつ48分
11:01	天橋立站
↓	路線巴士55分
13:00	伊根 めぐり 日出站
↓	路線巴士04分
14:00	伊根站

GOAL

DAY 2 START

8:11	伊根站
↓	路線巴士58分
9:09	文珠站
↓	天橋立 光船20分
11:30	府中站
↓	傘松公園登山車/個人纜車6分
11:45	傘松站
↓	傘松公園登山車/個人纜車6分
13:00	府中站
↓	腳踏車20分
14:30	天橋立站
↓	丹後鐵道50分
20:30	福知山站

GOAL

Check List

沿路必看！

- ☑像神隱少女海上列車的由良川橋樑路段
- ☑漁村舟屋風景
- ☑彎下腰看天橋立飛龍觀
- ☑搭乘吊椅式個人纜車眺望天橋立
- ☑騎腳踏車漫步沙洲松樹林間

Point

讓旅行更順暢的小方法

◎路線巴士班次不多，約一小時一班，要特別注意末班車時間。

◎若不想遷就巴士時間，也可以考慮步行或租腳踏車，悠閒遊覽沿岸舟屋風景。

◎赤松只有週二、週三運行，若想搭乘可要特地安排！

◎伊根舟屋旅館通常約三個月前開放預約，除了透過旅館官網預約，也可以使用伊根觀光協會英文官網預約，但一部分旅館僅接受會講日文的旅客，需使用日文電話預約。

◎伊根舟屋聚落仍住著許多當地居民，千萬不要擅自闖入屋內，或不斷對著舟屋及居民拍照。

丹後あかまつ48分 → 天橋立 → 路線巴士55分 → 伊根湾めぐり・日出 → 路線巴士4分 → 伊根

西舞鶴站出發

丹後鐵道觀光列車

https://willer-travel.com/tw/train/tantetsu/ 黑松、赤松非通年運行，開放期間詳見官網

鐵道設計大師水戶岡鋭治為丹後鐵道改造了三輛列車：黑松、青松與赤松。黑松作為高級食堂列車，需要提前預約且無法使用周遊券。赤松是週二週三限定的預約制自由座列車，車內除了別緻的復古特色座位，也有販售輕食、飲品和限定紀念品，使用周遊券的話只要加購550円乘車整理券即可搭乘。青松則是一般普通列車，可直接憑周遊券搭乘，車內一樣有特別設計的吧檯座、沙發座席等。三種列車各有特色，沿路經過美麗的大海，從車窗望出去的景色美到讓人屏息，前往天橋立的旅途不妨搭乘看看。

伊根湾めぐり・日出站即達

伊根灣めぐり

P.151,C6 京都府与謝郡伊根町字日出11 9:00~16:00，半小時一班，航程約25分鐘 國中以上￥1200，6~12歲￥600 www.inewan.com/#kankousen

憑票券免費

想要從海上欣賞舟屋之美，建議可以搭船巡遊伊根灣。遊覽船會繞行伊根灣一舟，可以看到整個伊根的舟屋風景，接近成排舟屋時還會稍停讓遊客拍照。出發前記得在售票處買包像蝦味先的海鷗飼料，沿途海鷗會繞著遊覽船飛行，搶食遊客手上的飼料，偶爾還會有老鷹俯衝搶食，非常刺激有趣。

伊根站步行4分

向井酒造

P.151,C5 京都府与謝郡伊根町平田67 9:00~12:00，13:00~17:00 週四、年末年始 kuramoto-mukai.jp/

向井酒造創業於1754年，是伊根的老牌酒 。近年因為女兒久仁子回家繼承「杜氏（酒的領導者，需負成品好壞的全責）」職位引起不小的話題，而她使用古代米的原創酒「伊根滿開」因為創新的想法與美味的成果，釀造出向井酒造的再高峰，口感溫潤令人不敢相信杯中那酸甜猶如果實酒的竟是清酒的一種，時常賣到缺貨。

※開車不喝酒・喝酒不開車

伊根站步行
8分

舟屋日和

P.151,D5 京都府謝郡伊根町字平田593-1 鮨割烹 海宮11:30~14:30(L.O.14:00)，17:00~21:30(L.O.20:00)；INE CAFÉ 11:00~17:00(L.O.16:30)，依季節而異 週三 funayabiyori.com/

舟屋日和改建自傳統舟屋及其一側的母屋，以觀光交流設施之姿，為造訪伊根的遊人打造出一個能夠快速認識伊根的環境。除了不定期舉辦體驗、講座之外，常設的咖啡INE CAFE與餐廳鮨割烹海宮也提供面向伊根灣的無敵海景座位，讓人不管是品嚐咖啡還是海鮮餐點，都能感受最美的一刻。

也可以去這裡①

舟屋之里公園

P.151,D5 06-6946-5728 京都府与謝郡伊根町字亀島 459 依店舖而異

舟屋之里公園是個道路休息站，這裡不但有觀光案內所、土特產店、知名的餐廳，更特別的是其居高臨下的地理位置，可以遠眺伊根灣舟屋美景，若是開車前來伊根，千萬不能錯過這裡。而有名的餐廳油屋便位在此處，吸引眾多饕客前來一嚐美味，每到用餐時間可是人山人海。

也可以去這裡②

兵四樓

P.151,C5 京都府与謝郡伊根町字平田 155-2 11:00~14:00，17:00~ 21:00 週四

推開厚重的門，女將親切的招呼聲，讓人感受到伊根濃濃的鄉土人情。兵四樓是當地少數晚間也營業的餐廳，許多不包餐的民宿都會推薦來這裡用餐，當然，食材新鮮，料理手法道地，也是大家推薦的原因。

伊根站
步行3分

WATER FRONT INN 與謝莊

P.151,D5 京都府与謝郡伊根町字平田507 check in~20:00，check out 10:00 yosasou278.wixsite.com/mysite 衛浴共用，房間內部無電視、網路

入住舟屋、聽著海潮聲入睡是許多旅人的夢想之一，與謝莊便是一間改建自舟屋的民宿，房間設施樸實，而位置稍低的餐廳就建在海平面上，一邊享用海鮮料理、一邊聽著潮音，真是十足舟屋享受。由於衛浴設施共用，費用相對低廉也是這裡的魅力之一。

也可以去這裡A

舟屋の宿「蔵」

P.151,D6 06-6946-5728 京都府与謝郡伊根町亀島863-1 check in 15:00~18:00，check out 10:00 休 不定休 www.ine-kura.com/ 2位以上才可預約，因安全考量不接待國小以下孩童。

「蔵」以優雅的日式風情加上舟屋特色，一天只接待一組客人，為旅人量身打造了一處可以自在放鬆的小天地。民宿仍然保留舟屋樣式，房間位在2樓，主房間與陽台之間特別擺放了一個信樂燒浴缸，邊泡澡時一邊欣賞窗外伊根灣美景，一邊聽著海浪濤濤，絕對是至高無上的享受。

也可以去這裡B

鍵屋

P.151,D6 京都府与謝郡伊根町亀島864 check in 15:00~，check out 10:30 www.ine-kagiya.net

伊根目前保存下來的舟屋約有230棟，其中約有10多家經營民宿，而鍵屋是連在地人也大力推薦的優值民宿之一。以舟屋改建的鍵屋，將停放漁船、漁業準備的1樓改為客廳，2樓起居室則改為房間與交誼庭，小小的空間每天只接待一組客人，可以盡情享受寧靜的舟屋住宿體驗。

DAY 2

文珠

文珠站搭乘View Land登山車/個人纜車6分（無法使用周遊券）

天橋立View Land

P.152,A3 京都府宮津市天橋立文珠 9:00~17:00，依季節而異，詳見官網 不定休，詳見官網 入園+登山車/個人纜車來回券國中以上￥850，國小￥450，可自由選擇搭登山車(モノレール)或是吊椅式個人纜車(リフト) www.viewland.jp

天橋立View Land是一個多方位的遊樂園，由於從這裡看出去的天橋立沙洲像昇天飛龍，故又暱稱這裡望出去的景色為「飛龍觀」。這裡也有一些遊樂設施可以付費體驗，像是緩緩轉動的摩天輪、高架腳踏軌道車，都是可以更高一層欣賞天橋立美景的設施，不怕高的人一定要試試！

文珠站
步行3分

智恩寺

P.152,B2 京都府宮津市字文珠466 8:00~17:00 www.monjudo-chionji.jp/

「三人寄れば文殊の知恵」意思類似我們的「三個臭皮匠勝過一個諸葛亮」，而文殊菩薩在日本人心目中正是一個充滿智慧的象徵，日本總共有三大供奉文殊菩薩的地方，稱做日本三文殊，而天橋立的智恩寺就是其中之一，別稱文殊堂。每年到了考季，許多家長考生都湧到這裡參拜，希望可以增長智慧考運順暢。

也可以去這裡

勘七茶屋

P.152,B2 京都府宮津市文珠471-1 9:00~17:00 週三 www.monjusou.com/group/

位於智恩寺正對面的勘七茶屋隸屬於旅館文珠荘，創業於1690年，是寺前「四軒茶屋」，也就是唯「四」獲准能在寺廟前販賣智 餅的老舖之一。傳説文殊菩薩將智慧託付在餅上，吃過的人能夠讓智慧倍增，是前來參拜的人一定不能錯過的名物。

天橋立
觀光船20分

傘松公園登山車
/個人纜車6分

府中

文珠站
步行3分

びわ湖浜大
津站步行5分

一之宮下船
處步行5分

天橋立觀光船

P.152,B2　3~10月9:00~17:00，11~2月~16:00，約每半小時一班，詳見官網　天橋立～一の宮單程大人￥800、兒童￥400，往返大人￥1300、兒童￥650　www.monjusou.com/group/

憑票券免費

天橋立觀光船單程約20分鐘，航程中會先繞至東側外海眺望松樹防風林，再折返西側沿著天橋立沙洲行駛到對岸的一之宮乘船處，可以到觀光船頂端360度看盡天橋立全貌，清澈的海面波光粼粼，海鷗翱翔空中，悠閒享受海風吹拂再舒適不過了。

迴旋橋

京都府宮津市文珠47　船隻通過時

迴旋橋是連接天橋立車站一側與天橋立沙洲的陸橋，當船隻要通過時，迴旋橋會暫時禁止通行，旋轉90度供船隻通過，是非常珍貴又有特色的場景。最初的迴旋橋在大正12年（1923年）建好時是手動旋轉式，隨著通過船隻越來越多，在昭和35年（1960年）改為電動式，許多遊客都會特地前來，從橋上兩端、橋下側邊，或搭乘觀光船由船上觀看迴旋橋旋轉都各有不同樂趣。

傘松公園纜車

P.152,B1　登山車(ケーブルカー)9:00~18:00，個人纜車(リフト)9:00~16:00　休個人纜車12/16~2月底平日　往返大人￥800、兒童￥400

憑票券免費

傘松公園纜車及登山車是前往傘松公園的必經交通工具，登山車每15分鐘一班，如果手上行李較多或是行動不便可以搭乘登山車，吊椅式的個人纜車則是一個接著一個不須等候，特別推薦回程時搭乘個人纜車，面對天橋立沙洲與海灣，壯麗景色彷彿貼在眼前，讓人嘆為觀止。

傘松公園登山車
/個人纜車6分

傘松

府中

傘松站
出站即達

府中站
步行2分

傘松公園

P.152,B1 京都府宮津市大垣75

「傘松」名字的由來是位在台地上的兩株老松樹遠看像兩把傘一樣，因而取名傘松。搭乘纜車登上傘松公園可以一眼望盡天橋立的美景，從這裡望去的天橋立呈現斜斜的一劃，故又被稱為「斜め一文字」，與「天龍観」、宮津的「雪舟観」、与謝野的「一字観」並稱為天橋立四大觀。來到傘松公園不妨試試「股のぞき」，也就是站在指定的位置，低下頭從兩腳之間反著看天橋立的景觀，這麼做的話，會發現沙洲真的就好像在天上的橋一樣呢！

元伊勢 籠神社

P.152,B1 京都府宮津市字大垣 430 3~11月7:30~17:00，12~2月~16:30 www.motoise.jp

籠神社與三重伊勢神宮同樣祭祀著天照大神與豐受大神，本殿也一樣採取神明造的樣式，訴説著其歷史性的正統與悠久。籠神社四周森林環繞，通往傘松公園的小路上商店林立，當地小吃、名產一應俱全。

也可以去這裡

真名井神社

P.152,B1 京都府宮津市中野

真名井神社是籠神社的奧宮，以純淨甘甜的湧泉聞名；據説豐受大神的臉化為藤花，靈魂化為湧泉，所以這方湧泉又被稱為御神水。境內綠蔭處處十分清幽，主殿後方的磐座是塊神聖的大石頭，近來更被認為是充滿能量的靈場，是著名的能量景點。

腳踏車
20分

丹後鐵道
50分

GOAL

天橋立

福知山

依行程安排前往下個目的地

府中站
步行10分

天橋立 松並木

P.152,B2 京都府宮津市文殊~府中 腳踏車單程1小時、往返2小時皆為￥400 腳踏車租借：kasamatsu-kankou.amebaownd.com/

憑票券可折￥200

全長約3.6公里的天橋立沙洲分隔了宮津灣與內海阿蘇海內海，狹長的沙灘上植滿大大小小約8000株松樹，原本的目地是用來防風，但現在已經成為散步、騎腳踏車的好去處，更被選為日本名松百選之一。走完單程約1小時，騎腳踏車約20分。

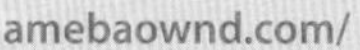

也可以去這裡

橋立茶屋

P.152,B2 京都府宮津市文珠 天橋立公園 10:00~17:00 週四（夏季無休） www.hashidate-chaya.jp

這是間位在天橋立白砂青松上的一間飲食店，店內有舒服乾淨的座席，而店外也有紅傘與椅子，不管是中午前來用餐，或只是散步途中想要喝杯茶、吃份糰子，都十分適合。尤其要推薦這裡的名物あさり丼，由天橋立四周的海裡撈上來的花蛤鮮甜美味，值得一試。

天橋立站
出站即達

智惠の湯

P.152,B2 京都府宮津市文珠640-73 12:00~21:00 週三、週四，不定休，詳見官網 國中生以上￥700，小學生￥350 www.viewland.jp/chienoyu/

天橋立也擁有天然溫泉，天橋立車站前就有唯一的公共溫泉浴場「智惠の湯」，無味、顏色淺褐的天橋立溫泉中含有「重曹質」，泡過之後皮膚感覺滑溜溜的，也希望智慧如同健康身體一起成長。

也可以去這裡

對橋樓

P.152,B2 京都府宮津市文珠471 check in 14:00~18:00，check out 10:00 www.taikyourou.com/

如果捨不得離開海之京都，想再多待一晚，天橋立這一區也有許多很不錯的溫泉旅館。對橋樓是天橋立第一間開業的旅館，從1870年至今，已有超過百年以上的歷史，歌人與謝野晶子夫婦等文人也曾在此下榻。對橋樓總共只有十間房間，也讓這裡擁有獨特的溫馨感。留宿的客人除了對橋樓一樓充滿古風的溫泉，也可以免費使用姐妹館文珠莊現代豪華的溫泉浴場。

電車自由區間 + 設施折扣

神戸街區遊覽一日券 神戸版

神戸街めぐり1DAYクーポン

有多種版本可選擇

一天內隨意搭乘神戸市區地鐵

1000円
無兒童票

神戸街區遊覽一日券適合住在神戸地區並想在市區周遭遊覽的旅人，除了可以搭乘神戸市區的地鐵，還有附贈一張價值800円的設施折扣券，此外也有神戸市區周遭的交通、景點、店家等的優惠折扣，非常方便。另外這張票券也有和許多其他交通公司合作，發行眾多不同版本的擴大版票券，可以依自己住宿地點購買適合的版本。

神戸港的BE KOBE 在美利堅公園內豎立著高大又雪白的「BE KOBE」字樣，是遊客來到神戸必打卡的地標。其實這些字樣是在2017年為了紀念神戸開港150周年而設置，背後包含了「經歷過阪神大地震的神戸人們重新出發，並以神戸這塊土地為傲」的心情，傳達勇於挑戰與熱愛新事物的精神，與後方港濱形成的美景也成為拍照熱點！

這樣的你適合用這張票

◎想在神戸市區悠閒玩一天
◎喜歡歐風建築、海港風景
◎住在神戸市區，不須額外花交通費來神戸
◎懶得規劃行程，想直接照著鐵路沿線遊玩

1日內神戶街區暢行無阻

能搭乘交通工具

神戶市營地鐵 西神・山手線(區間)	神戶市營 地鐵海岸線	阪神 阪急電車
○	○	X
神戶新交通 ポートライナー	**神戶高速線**	**JR線**
○	○	X

使用範圍

神戶新交通ポートライナー（Port Liner）全線、神戶高速線、神戶市營地鐵西神・山手線（新神戶～新長田）、神戶市營地鐵海岸線全線。

神戶街區遊覽一日優惠券

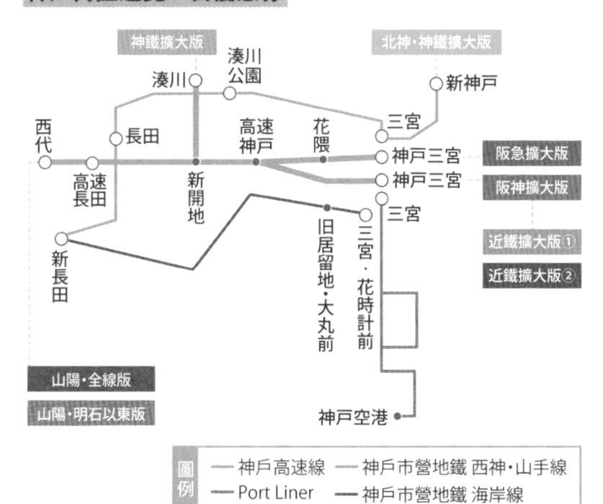

有效期間

使用期限內任選一日。

※每年4/1~隔年3/31購買的票券使用期限至隔年3/31前。

購買地點

神戶空港站、神戶新交通三宮站。

退票

有效期間內若尚未使用，可於購票處退票，但會收取手續費210円。

其它

800円的設施折扣券僅限擇一設施、使用一次、一人使用，若設施價格不足800円不會退費，也無法與其他設施合併使用；若設施超出800円則可以補差額。

官方介紹網站

www.feel-kobe.jp/tickets/machimeguri1day/

也可以用其它票券

多種選擇！

◎神戶街區遊覽一日券擴大版／神戸街めぐり1DAYクーポン拡大版

除了本篇介紹的基礎神戶版，神戶街區遊覽一日券也出了8個版本的擴大版票券，包含阪神擴大版1650円、阪急擴大阪1800円、大阪出發近鐵擴大阪2200円、奈良出發近鐵擴大版2600円、山陽明石以東版1500円、山陽全線版2100円、北神神鐵擴大版1680円、神鐵擴大版1750円，可依行程安排選擇最方便的票券。

範圍超級廣！

◎關西鐵路卡／KANSAI RAILWAY PASS

自由搭乘關西地區的地下鐵及私鐵，範圍擴及京阪、神戶/姬路（兵庫）、奈良、和歌山及滋賀地區，抵達關西機場後即可使用南海電鐵直達市區，而且不須連日使用，還能在各景點、店家享有優惠。2日版5600円，3日版7000円，6-11歲兒童半價

→詳見P.016

COURSE #10

START
神戶空港
從這裡購買優惠券，開始一天的行程

徜徉歐風街道，遊覽浪漫神戶港

神戶街區一日滿喫

從關西機場到神戶非常方便，外國旅客只須花500円就可以從大阪灣搭乘海上高速船Bay Shuttle半小時直達神戶機場。從神戶機場購入優惠券開始一天的行程，坐落於北野那一棟棟不同於日本建築的歐式房舍「異人館」，便是絕對要造訪的景點，而市區一系列充滿新文藝復興風格的歐風建築，是100多年前神戶開港時所建的街道，洋溢滿滿歐洲情調，碧海藍天的神戶港灣更是充分展現海港城市的開放與自由氣息。

坐這麼多趟！

原本1980円
⇓ 購票只要
1000円
使用這張票全程省980円

お得チケット 10 神戶街區遊覽一日券 神戶版

START

9:30	神戶空港站
↓	Port Liner 20分
9:50	三宮站
↓	神戶市營地鐵02分
10:00	新神戶站
↓	神戶市營地鐵02分
13:00	三宮站
↓	神戶市營地01分
13:30	居留地・大丸前站
↓	神戶市營地鐵02分
16:30	みなと元町站

GOAL

Check List

沿路必看！

☑北野異人館歐洲風情
☑古蹟百貨神戶大丸
☑熱門藝術水族館átoa
☑優雅神戶港風光

Point

讓旅行更順暢的小方法

◎三宮駅是由許多鐵道路線所組成，每條路線的車站都不同，轉乘時需要多預留時間。
◎異人館區都是坡道與階梯，建議挑選一雙好走的鞋子前往。
◎神戶市區各景點距離不遠，直接步行連接景點也是一個選擇。
◎從Umie MOSAIC往神戶港塔方向是知名的拍攝角度，可以一次將神戶港塔與白色的海洋博物館納入鏡頭內。

Port Liner 20分

三宮

神戸市營地鐵2分

新神戶

神戸市營地鐵2分

新神戶站步行10分即達纜車乘車處

新神戶站步行14分

布引香草園

P.154,D3 神戶市中央區北野町 1-4-3 10:00~17:00，7/20~8/31至20:30 休冬季3週，天候不佳、纜車檢修日 入園費用含纜車往返：高中以上￥2000，國中小￥1000；17:00後高中以上￥1500，國中小￥950 www.kobeherb.com

這片美麗的香草花園，擁有150種、75000株西洋香草遍植在山坡上或溫室內。雖然距離北野有一小段距離，但從新神戶駅搭乘神戶布引纜車只要10分鐘，就可以呼吸爽涼的空氣、聞聞花草香、眺望山下的神戶與海呢！不妨放慢腳步，在花園散散心、吃頓富有天然香草清香的美食。

風見鶏の館

P.154,B3 神戶市中央區北野町3-13-3 9:00~18:00(入館至17:45) 休2月、6月的第一個週二(遇假日順延翌日休) 大人￥500；2館券(萌黄の館・風見鶏の館)￥650 www.kobe-kazamidori.com 2023年10月~2025年春季因防震工程休館中，目前暫不開放

這棟紅磚建築是1909年德國的貿易商湯瑪斯建造的家，除了尖尖屋頂上的風見雞之外，2樓還有一間有著龍椅與八角窗的書房，而客廳、臥室、餐廳或兒童房，都有著濃濃19世紀的風味。值得一提的是，當年住在兒童房的湯瑪斯先生的女兒，在風見鶏の館開放參觀後還曾由德國前來一遊，她當時的留影紀念照片展示在兒童房內，喜歡西洋古典的人可以進館參觀。

也可以去這裡A

萌黄の館

可用設施折扣券折抵

P.154,B4 神戶市中央區北野町3-10-11 9:00~18:00(入館至17:45) 大人￥400；2館券(萌黄の館・風見鶏の館)￥650 www.feel-kobe.jp/facilities/0000000042/

位於風見鶏の館旁的萌黄の館，是一棟淺綠色的房子，1903年建造時是當時美國總領事的官邸，1944年之後成為當時神戶電鐵社長小林秀雄的自宅。屋內可以看到雕琢精緻的壁爐以及牆壁上紋飾，總是輕灑著陽光綠意的二樓陽台，有著特別設計的多格型窗花，不但視野極佳，在遊人不多的時刻，還有一份獨特的靜謐，讓人更能領受老屋魅力。

也可以去這裡B

魚鱗之家&展望 Gallery

P.154,C3 神戶市中央區北野町2-20-4 9:30~18:00，10~3月~17:00 國中以上￥1100，國小￥220 kobe-ijinkan.net/md/uroko/

閃耀著淺綠色光澤的鱗狀外壁，夏天時翠綠的藤蔓如一張綠網纏繞其上，門前的中庭裡還蹲座著一隻極富藝術感的山豬。魚鱗之家是舊居留地的外國人租屋，在明治後期才搬移到北野的高台上，館內保存著精緻華美感的西洋古董家具以及名家瓷器。一旁的展望 Gallery是間小小的美術館，裡頭收藏了許多名畫。

三宮站
步行1分

生田神社

P.155,D1 神戶市中央區下山手通1-2-1 7:00~17:00，夏季~18:00 www.ikutajinja.or.jp

神戶地名其實源自生田神社，古代稱管理生田神社的人叫做神戶，久而久之，這一方土地就統稱為「神戶」了。生田神社有著鮮豔的朱紅色樓門和主殿，祭祀是主司緣分的稚日女神，由於有許多名人在這裡結婚，因此這裡也成為了最佳的結緣神社，每天有許多人來參拜，祈求締結良緣，另外也會有居民將車子開來祈求行車平安。

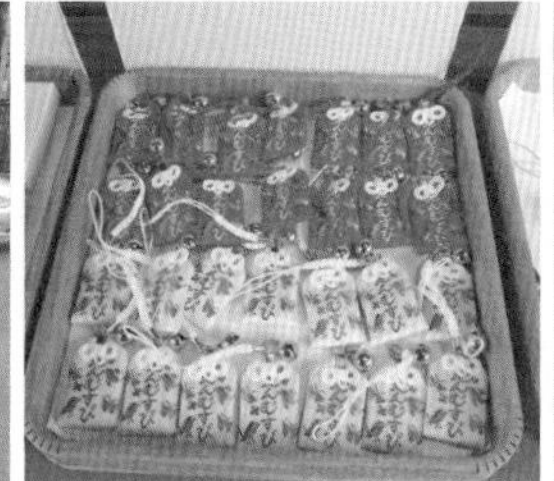

也可以去這裡❶

三宮中心商店街

P.155,D3 神戶市中央區三宮町1~3丁目 依店舖而異 www.kobe-sc.jp

走出三宮車站就會看到的三宮中心商店街是神戶地區最熱鬧的商店街，從三宮可以一路往西逛到元町地區，再由元町商店街往南走10分鐘便能通到神戶港。由於商店街頂頭有遮雨棚，即使艷陽天或下大雨依然能購買個盡興，舉凡服飾、配件、文具、書籍或各種服務，只要想得到的店家都能夠在此找到，平行的2丁目也同樣有許多專門店，如人氣商店Uniqlo、Zara都很好逛。

也可以去這裡❷

東遊園地

P.155,E3 神戶市中央區加納町6-4-1 eastpark.jp/

從三宮駅往南經過神戶市公所就會看到一大塊綠意盎然的公園綠帶，這裡便是以神戶光之祭典LUMINARIE聞名的東遊園地。在日文中「遊園地」意思就是遊樂園，設計者希望讓人們像是進入到遊樂園一樣享受公園因而命名，開闊腹地內有水景、廣場，是附近上班族戶外午餐的最佳場所。

神戶市營地鐵2分

旧居留地・大丸前

旧居留地・大丸前站步行1分

旧居留地・大丸前站步行14分

神戶大丸

P.155,C3 神戶市中央區明石町40 B2~2F10:00~20:00，3~9F10:00~19:00，9~10F餐廳11:00~21:00 休1/1 www.daimaru.co.jp/kobe 於1樓服務台出示護照可換取5%off的優惠券

村野藤吾設計的大丸百貨神戶店完成於昭和2年（西元1927年），流線的外型說明這是一棟現代主義建築。對於神戶人來說，這不僅是一座大型百貨公司的神戶分店，更是神戶的地標，阪神大地震後受到嚴重損害，卻在短時間內修復，讓神戶人充滿信心和希望。大丸占地很廣，本館周邊的洋館建築所進駐的精品名牌也都屬於大丸百貨，現在成為神戶人最愛的時尚購物指標。

也可以去這裡

森谷商店 元町本店

P.155,C3 神戶市中央區元町通1-7-2 10:00~20:00，炸物10:30~19:30 moriya-kobe.co.jp

創業於明治6年（西元1873年）的森谷商店是神戶最自豪的神戶牛肉老店，美味無比的神戶牛肉雖然無法帶回國，但加入了正宗神戶牛肉製作的可樂餅或炸肉餅照樣讓這不起眼的肉店成為觀光客們的最愛，當場新鮮現炸的美味炸物即使燙手仍然建議立刻品嚐。

Aquarium x Art átoa

P.155,D4 神戶市中央區新港町7-2 10:00~19:00(入館至18:30) 休不定休，詳見官網 國中以上￥2600，國小￥1500，3以上幼兒￥500 atoa-kobe.jp 特定日子或現場人數過多時可能無法入場

átoa的水族館的名字是Aquarium to Art的簡寫。這家新型態水族館將藝術和水族館結合，把水族館與聲光藝術融為一體，讓人體驗未曾有過的水族館之旅。館內不只有魚類，還有無脊椎動物、兩生爬蟲類、鳥類、哺乳類等生物，很適合親子旅遊！

GOAL

みなと元町

みなと元町站
步行10分

Umie MOSAIC

P.153,B4 神戶市中央區東川崎町1-6-1 購物10:00~20:00，餐廳11:00~22:00，摩天輪10:00~22:00 摩天輪3歲以上￥800 umie.jp/

MOSAIC購物廣場和一旁的Umie構成非常廣大的百貨商場，漆色亮麗的木造建築與海港景色非常搭配，牆壁上有著鄉間風情的花草彩繪，面海側有寬廣的露台，晚上可觀賞美麗的神戶港夜景，夏天則是欣賞海上煙火秀的最佳角度。購物廣場的一旁則是最受小朋友喜愛的麵包超人博物館。

也可以去這裡

煉瓦倉庫

P.153,A4 神戶市中央區東川崎町 1-5-5 依店舖而異 www.kobe-renga.jp/

一長排紅磚屋，保留百年前的外觀，成為每晚人聲沸騰的各式餐廳與啤酒屋，一群好友在頗復古的舊倉庫裡乾啤酒，特別溫暖熱鬧。廣場旁的橋到了晚上會點燈裝飾，是夏夜吹海風的好地方。

みなと元町站
步行6分

美利堅公園
Meriken Park

P.153,D4 神戶市中央區波止場町

公園裡有兩座主要建築物，分別是神戶海洋博物館和神戶塔。東側特別闢了一塊角落，成立一座紀念阪神大地震的紀念公園，展示災害與復興的資料，並保存當時受災的遺跡，讓人記取教訓。

也可以去這裡

神戶港塔

P.153,C3 神戶市中央區波止場町 5-5 展望層 1F、3~5F、屋頂平台 9:00~23:00(最後入場至 22:30)，展望台 2F~18:00 展望層＋屋頂平台高中以上￥1200，國中小￥500；僅展望層高中以上￥1000，國中小￥400 www.kobe-port-tower.com/

108 公尺高的紅色神 港塔在神戶港灣成為最耀眼的地標，上下寬闊、中央細窄的外觀造型靈感來自於日本傳統的「鼓」，展現優雅和風美學。展望台共分為五層樓，從望遠鏡中可眺望神戶全景，3 樓還有 360 度旋轉賞景的咖啡廳，可以邊休息邊欣賞神戶港口的美景。

みなと元町站
步行13分

Luminous Kobe 2

P.153,C4 神戸市中央區波止場町5-6中突堤旅客ターミナル2F 依季節有不同活動及航班，詳見官網 依方案而異，詳見官網 thekobecruise.com/ 須在乘船前30分鐘完成報到

名為Luminous就是希望這艘船像是耀眼光芒一樣，Luminous神戶2是Luminous神戶的第二代，是以1930年代法國的豪華郵輪諾曼地號為概念，並提供多種航程選擇。船隻會在靠近明石海峽大橋或通過明石大橋之後進行迴轉，可一覽魄力十足的壯觀橋樑。

みなと元町站
步行10分

神戸美利堅公園東方酒店

P.153,C4 神戸市中央區波止場町5-6 check in 15:00，check out 11:00 www.kobe-orientalhotel.co.jp

特殊的船形外觀坐擁港濱美景，是最能代表神戶的地標景點。寬敞的大廳與專業又貼心的接送服務已經夠收服人心了，同價格帶比其它飯店大了三分之一的房內空間，住起來更從容、更有度假氣息，望向廣闊神戶港的視野更是讓人心曠神怡。

電車+巴士自由區間 + 設施折扣 + 每年4/1~12月中旬 + 登山車、纜車

有多種版本可選擇

一天內有馬、六甲區間交通工具無限搭

有馬・六甲周遊一日券 基本版

有馬・六甲周遊1dayパス

距離神戶市區只須約半小時車程的有馬、六甲被自然美景圍繞，又有古老的溫泉資源，一直都是神戶與大阪居民的休閒勝地，這張票券便規畫了從神戶市區到有馬與六甲剛剛好一圈的交通路線，同時附上金之湯或銀之湯擇一的泡湯券，還能享有沿路各設施的優惠折扣，非常方便。這張票券也有和許多其他交通公司合作，發行眾多不同版本的擴大版票券，可以依自己住宿地點購買適合的版本。

2400円
無兒童票

有馬・六甲周遊パス

這樣的你適合用這張票

- ◎想體驗半小時就到近郊山上悠閒郊遊
- ◎想造訪三大古泉之一的有馬溫泉
- ◎想體驗多種不同交通工具的樂趣
- ◎覺得分段買票很麻煩，想一張票走透透

1日內有馬、六甲通行無阻

能搭乘交通工具

神戶市營地鐵(區間)	六甲有馬纜車	六甲山上巴士全線
○	○	○
神戶電鐵(區間)	六甲登山車	神戶市營巴士(區間)
○	○	Δ*

*神戶市營巴士只可搭乘16號巴士。

使用範圍

神戶市營地鐵（三宮～谷上）、神戶電鐵（谷上～有馬温泉）、六甲有馬纜車、六甲山上巴士全線、六甲登山車、神戶市營巴士（16號巴士 阪神御影～六甲ケーブル下）、阪急電車（六甲～神 三宮）

有馬、六甲周遊一日券

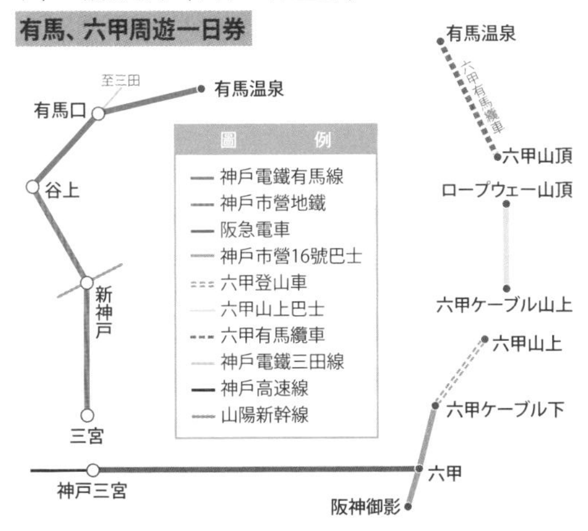

有效期間

每年發行期限內任選一日。

購買地點

神戶電鐵谷上站、有馬温泉站；阪急電車神戶三宮案內櫃檯、六甲站；神戶市營地鐵三宮站、新神戶站。

退票

有效期間內若尚未使用，可於購票處退票，但會收取手續費210円。

官方介紹網站

ktbsp.jp/ticket/572/

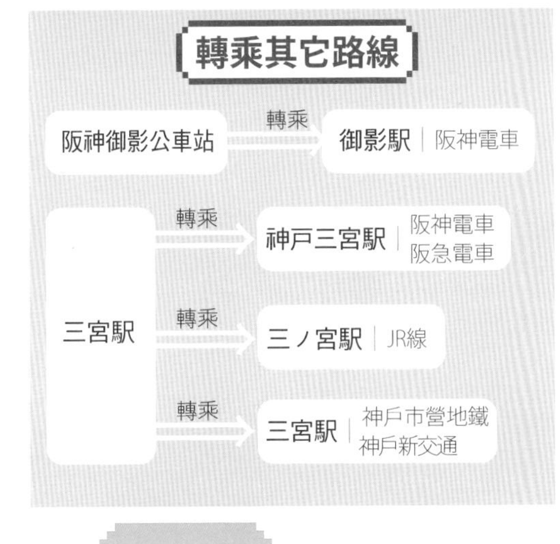

也可以用其它票券

多種選擇！

◎有馬、六甲周遊一日券擴大版／有馬•六甲周遊1dayパス拡大版

除了本篇介紹的基本版，有馬、六甲周遊一日券也出了5個版本的擴大版票券，包含阪急版2600円、阪神版2500円、神鐵版2600円、山陽明石以東版2800円、山陽全線版3100円，阪急版還特別出了二日券3100円，可依行程安排選擇最方便的票券。

六甲、摩耶山我都要！

◎六甲・摩耶山周遊券／六甲・まやレジャーきっぷ

分為阪神版和阪急版，可以搭乘阪神電車或阪急電車到神戶三宮站之間區間，以及神戶市巴士指定路線、六甲登山車、摩耶登山車與纜車，適合想要一覽六甲與摩耶山上美景的旅人。阪神版1950円，阪急版2100円，無兒童票。

COURSE # 11

造訪煙霧繚繞溫泉鄉，
從山間俯瞰神戶港城市風光

有馬·六甲一日輕旅行

在日本神話裡傳說有馬溫泉是由兩位日本遠古大神「大己貴命」及「少彥名命」所發現的，豐富歷史和自然景觀的魅力吸引眾多泡湯旅客。使用有馬．六甲周遊一日券從三宮站出發拜訪有馬溫泉，享受三大古泉撫慰身心，再到六甲山徜徉在清爽空氣與翠綠植被之間，是適合全家大小一同出遊的行程。

START

8:45	三宮站
↓	神戶市營地鐵10分
9:00	谷上站
↓	神戶電鐵18分
9:30	有馬溫泉站
↓	沿著景點步行抵達
13:10	纜車有馬溫泉站
↓	六甲有馬纜車12分
13:30	六甲山頂站
↓	六甲山上巴士10分
16:00	六甲山上站
↓	六甲登山車10分
16:15	六甲ケーブル下
↓	神戶市營巴士16系統12分
16:30	阪急六甲
↓	阪急電鐵7分
17:15	神戶三宮

GOAL

Check List

沿路必看！

☑古怪有趣的有馬玩具博物館

☑有馬溫泉金銀湯

☑有馬老街傳統老店

☑六甲山花園露台山海美景盡收眼底

Point

讓旅行更順暢的小方法

◎三宮駅是由許多鐵道路線所組成，每條路線的車站都不同，轉乘時需要多預留時間。

◎谷田～有馬溫泉站的神戶電鐵並非每班都是直達，若搭到往三田方向的列車，須在有馬口站換車。

◎有馬溫泉金銀湯會輪流在週二休館，如果想一次泡到兩種，記得錯開週二！

◎六甲登山車末班車為21:10，如果留在六甲山上看夜景，記得別太晚下山。

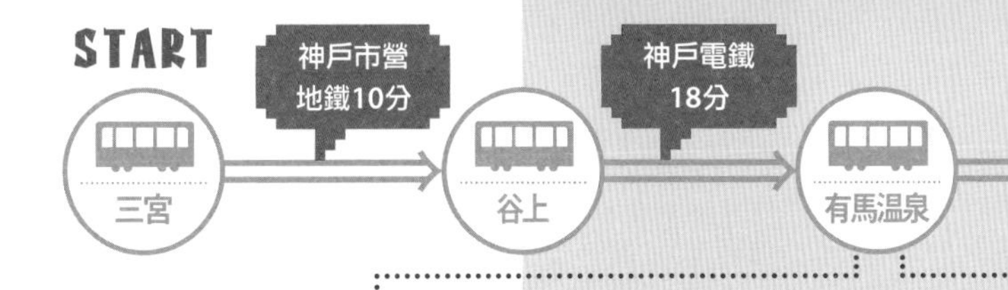

有馬温泉站
步行2分

湯煙廣場

P.156,B1 有馬温泉駅旁

一走出有馬溫泉車站，就會看到擁有美麗水景的湯煙廣場，小小的水簾和池中的河童顯得特別親切可愛，旁邊還有通道能夠走到清涼的水簾之後，讓人好像隱藏在瀑布裡面，可以呈現出非常有趣的照片畫面。

也可以去這裡

太閤像

P.156,B1 神戸市北區有馬町

說到有馬溫泉，第一個想到的歷史人物當然就屬戰國時代的豐臣秀吉。當時被尊稱為「太閤」的秀吉對有馬溫泉情有獨鍾，相傳自他一統天下後，總共到過有馬溫泉 15 次，因此人們感念秀吉，而在湯煙廣場旁造了太閤像以茲記念。

有馬温泉站
步行6分

有馬玩具博物館

憑票券
國中以上可折
¥200

P.156,B2 神戸市北區有馬町797 10:00~17:00 國中以上¥800，3歲~國小¥500， www.arima-toys.jp

充滿童趣的有馬玩具博物館，展示有蒐集自世界各國四千種以上的玩具，有造型逗趣的木偶、精靈古怪的機器人，也有溫暖可愛的填充布偶，當然除了看以外，一旁的賣店裡都可以買來帶回家，非常適合親子同遊。

也可以去這裡

天神泉源

P.156,B2 神戸市北區有馬町 1402

天神泉源是有馬溫泉裡七個泉源中的其中一個，是祭祀菅原道真的天神社境內的湧泉。咕嚕咕嚕地冒著煙，溫度高達攝氏98.2度的泉源，成分有鐵、塩化物質等，被稱為金泉，也是有馬最有代表性的泉源之一。

有馬温泉站
步行7分

金の湯

P.156,B2 神戶市北區有馬町833 8:00~22:00(入館至21:30) 休每月第2、4個週二(遇假日順延翌日休)、1/1 $高中以上￥800(平日￥650)，國中小￥350；2館券(金の湯、銀の湯)￥1200。 arimaspa-kingin.jp

憑泡湯券
金の湯、銀の湯
擇一免費

因濃濃鐵銹色被稱為「金泉」的溫泉，原本在地下時為透明無色，但由於含有很重的鐵質，當泉水與空氣接觸後會因氧化作用而成為赤茶色，連浴池都被染成一層紅褐色非常特殊。

也可以去這裡❶

銀の湯

P.156,C3 神戶市北區有馬町 1039-1 9:00~21:00(入館至 20:30) 休每月第 1、3 個週二(遇假日順延翌日休)、1/1 $高中以上￥700(平日￥550)，國中小￥300；2 館券(金の湯、銀の湯)￥1200。 arimaspa-kingin.jp

憑泡湯券
金の湯、銀の湯
擇一免費

銀の湯的泉源來自銀泉，除了含鐵質之外，含有大量的碳酸成分，入湯之後皮膚會浮現碳酸泡沫非常有趣。

也可以去這裡❷

太閤の湯殿館

P.156,B3 神戶市北區有馬町 1642 9:00~17:00(入館至 16:30) 休每月第 2 個週三、不定休 $成人￥200，兒童、學生￥100 arimaspa-kingin.jp

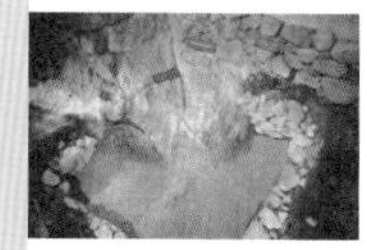

太閣湯殿館是阪神大地震後所發現的當年豐臣秀吉的泡湯遺址。這座被稱為「湯山御殿」的遺構當中，有熱蒸氣風呂與岩風呂，還有許多當年的用具出土，重現了當年叱吒風雲的豐臣秀吉的豪華泡湯陣勢。

有馬温泉站
步行8分

川上商店 本店

P.156,B2 神戶市北區有馬町1193 9:00~17:30 休週三、不定休 www.kawakami-shouten.co.jp

川上商店是創業於永祿2年（西元1559年）的佃煮老舖，佃煮就是以糖、醬油燉煮的山珍海味，至今川上仍花費時間燒柴，以傳統手工方法製作，因此保有豐富美味，每一樣商品都可以試吃，松茸昆布、山椒昆布都很美味，還用小小化妝箱包裝，最適合買來送人。

也可以去這裡

灰吹屋 西田筆店

P.156,B2 神戶市北區有馬町1160 10:00~18:00，週四、五~16:00 休週三、四(遇黃金週、年末年始、盂蘭盆節照常營業) www.arimahude.com/

包裹著華麗織線、筆頭還藏著個小娃娃頭的毛筆，長得十分可愛，這就是已有450年歷史的有馬名物之一「有馬人形筆」。灰吹屋的老奶奶西田光子製作人形筆已超過50年，老奶奶做的人形筆上筆頭的小娃娃還會靈活的彈出呢。

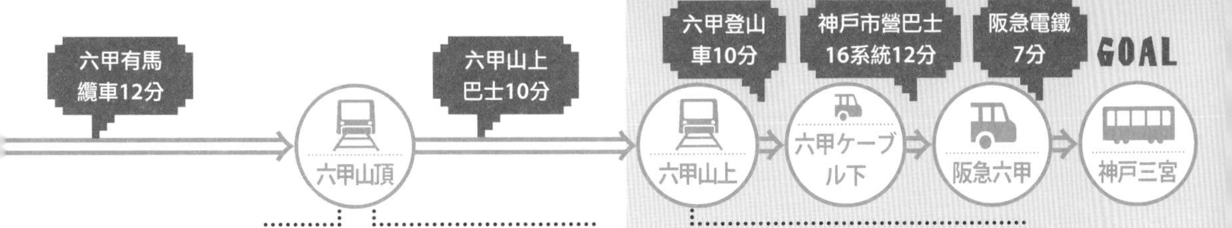

六甲山頂站
步行7分

六甲山頂站
步行7分

六甲山上站內

六甲花園露台

P.156,F1 神戶市灘區六甲山町五介山1877-9 依店鋪而異，詳見官網 www.rokkosan.com/gt

憑票券 指定餐廳用餐九折

六甲山花園露台是六甲山上的觀光景點，由許多棟半露天咖啡廳，以及紀念品店、觀景餐廳、生活雜貨屋、工藝品店與一座展望台所構成，無論是白天在這兒喝杯咖啡、一覽港灣風光，或是夜幕低垂時來此欣賞神戶夜景都十分適合。六甲山夜景一直是神戶人的驕傲，從六甲花園露台這裡可以遠眺從明石海峽一直延伸至大阪平原、關西國際機場的海灣景色，所以每當夜晚點起萬家燈火，從這裡就能夠看到最美的風景。

六甲枝垂れ

P.156,F1 神戶市灘區六甲山町五介山1877-9 10:00~21:00(入場至20:30) 國中以上￥1000，4歲~國小￥500 www.rokkosan.com/gt/shidare/

特殊的外型就如同立在山頂的一棵大樹般，由枝葉包覆的展望台則可以360度展望山海美景。在展望台中間如同樹幹的部份圓管狀的設計可以讓空氣對流，宛如這棵大樹在呼吸般。

六甲登山車

P.156,E2 神戶市灘區高羽字西山8-2 7:10~21:10 單程12歲以上￥600，6~11歲￥300；來回12歲以上￥1100，6~11歲￥550 www.rokkosan.com/cable/rc/

憑票券 免費

六甲纜車下駅至六甲纜車上駅距離約1.7km，高低相差493cm，運行的時間大約是10分鐘左右。六甲登山車沿著山坡緩緩運行，行進途中還能欣賞神戶港灣的風景，是一項有趣的體驗。

也可以去這裡

六甲山牧場

P.156,D2 神戶市灘區六甲山町中一里山 1-1 9:00~17:00(入園至 16:30) 週二(7/21~8/31 無休)、年末年始、冬季、不定休，詳見官網 高中以上3~11月￥600、12~2月￥400，國中小￥200 www.rokkosan.net

六甲山牧場距離纜車六甲山頂站約半小時巴士車程，雖然距離較遠且無法使用周遊券折抵，但宛若瑞士高原的場景非常值得一遊。六甲山牧場除了可以和溫馴的綿羊、兔寶寶、馬兒做親密接觸，也有擠奶、陶藝、做起士、冰淇淋、香腸的體驗教室，非常適合親子同遊。

電車自由區間 + 爬坡軌道車 纜車 + 設施折扣

一天內山陽電車、神戶高速線隨意搭乘

三宮・姫路一日券

三宮・姫路1dayチケット

1600円
無兒童票

三宮・姬路一日券除了可以搭乘山陽電車和神戶高速線全線，還能搭乘須磨浦纜車、爬坡軌道車往返一次，並享有神戶港遊覽船CONCERTO優惠折扣，如果住在神戶想要來一趟姬路日歸行程，非常推薦使用這張。

這樣的你適合用這張票

◎想一天往返神戶姬路
◎喜歡海邊行程
◎想以便宜價格搭乘遊覽船
◎想帶著小朋友一同到須磨浦山上遊樂園享受親子時光
◎不善於規劃轉車行程，想一路玩到底

1日內隨意搭乘山陽電車

能搭乘交通工具

山陽電車	須磨浦纜車
○	Δ*
神戸高速線	**爬坡軌道車**
○	Δ*

*僅可搭乘往返一趟。

使用範圍

山陽電車全線、神戸高速線全線、須磨浦纜車（ロープウェイ）往返、爬坡軌道車（カーレーター）往返。

三宮姫路一日券

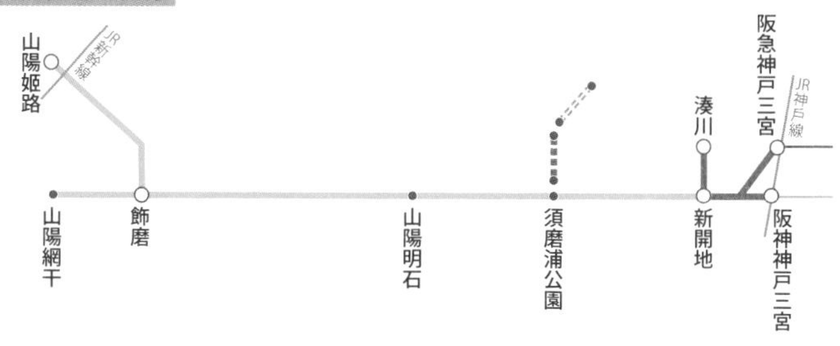

有效期間

使用期限內任選一日。

※每年4/1~隔年3/31購買的票券使用期限至隔年4/30前。

購買地點

山陽電車播磨町～山陽姫路、西飾磨～山陽網干各站的售票機；西代、板宿、東須磨、山陽須磨、山陽垂水、山陽明石、東二見、高砂、大塩、飾磨、山陽姫路、山陽網干各站；板宿、垂水、明石、東二見、高砂、飾磨、姫路各站定期券販賣處；阪神電車的神 三宮、新開地站的駅長室或西元町、高速神戸、新開地、大開、高速長田各站的改札口；明石站案內中心、阪神電車神戸三宮站服務中心、THE KOBE CRUISE售票處、姫路市內的合作販售處

退票

有效期間內若尚未使用，可於購票處退票，但會收取手續費。

其它

神戸港遊覽船CONCERTO優惠折扣限定使用「一杯飲品方案（ワンドリンク　クルーズ）」時，可用優惠價1000円搭乘。

官方介紹網站

www.sanyo-railway.co.jp/railway/untin/ticket01.html

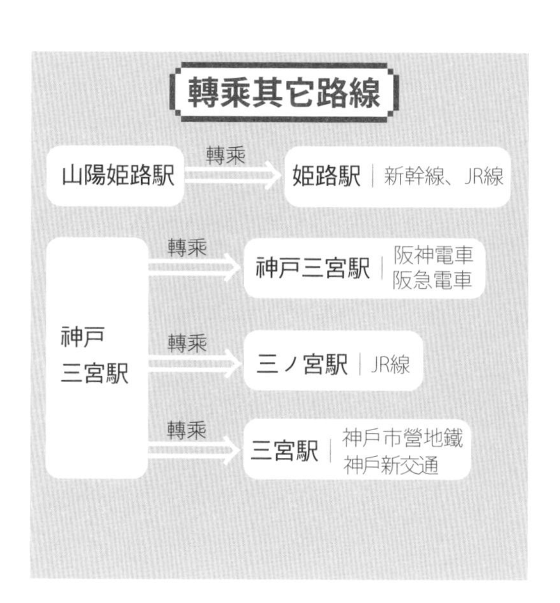

也可以用其它票券

範圍更廣！

◎阪神・山陽海岸線一日券／阪神・山陽 シーサイド1dayチケット

可以搭乘山陽電車全線和阪神電車全線，適合住在大阪難波、梅田附近，想到姫路一日往返的旅人。2400円，無兒童票。

關西通行無阻！

◎關西鐵路卡／KANSAI RAILWAY PASS

自由搭乘關西地區的地下鐵及私鐵，範圍擴及京阪、神戸/姫路（兵庫）、奈良、和歌山及滋賀地區，抵達關西機場後即可使用南海電鐵直達市區，而且不須連日使用，還能在各景點、店家享有優惠。2日版5600円，3日版7000円，6-11歲兒童半價。→詳見P.016

COURSE #12

坐上海岸線電車，一覽明媚優雅神戶港

三宮·姬路沿海一日遊

山陽電車沿線緊鄰海岸線，從神戶市區出發，經過須磨駅後往左邊看，廣闊的大海就在眼前。抵達姬路城，一覽三大名城之一的風采，再搭乘電車至明石海岸，享用新鮮海產與明石章魚、登上世界最長的吊橋「明石海峽大橋」制高點、到超好逛超好買的三井OUTLET、搭乘遊覽船迎著海風眺望神戶港風景，一次滿足自然、人文、美食、科學、購物的旅行渴望。

START

7:45	神戶三宮站
↓	神戶高速線+山陽電車63分
9:00	山陽姬路站
↓	山陽電車32分
12:30	山陽明石站
↓	山陽電車01分
14:00	人丸前站
↓	山陽電車06分
15:00	舞子公園站
↓	山陽電車02分
16:30	霞ヶ丘站
↓	山陽電車02分
17:30	山陽垂水站
↓	山陽電車+神戶高速線23分
19:30	西元町站

GOAL

Check List

沿路必看！必吃！

- ☑雪白的姬路城
- ☑人氣明石章魚燒
- ☑登上明石海峽吊橋維修步道制高點
- ☑舞子海灘的白砂青松風景
- ☑港區三井Outlet大採購
- ☑神戶港遊覽船CONCERTO

Point

讓旅行更順暢的小方法

◎三宮駅由許多鐵道路線所組成，每條路線的車站位置都不同，如有安排轉乘需要多預留時間。

◎神戶三宮～山陽姬路站單程990円，光是來回就值回票價！

◎三宮．姬路一日券可以搭乘從神戶三宮～山陽姬路的直達特急電車，約一小時即可從三宮直達姬路。

◎遊覽船CONCERTO飲品方案原價2800円，憑票券只要1000円，非常划算，建議可以先到官網預約。

山陽電車
32分

山陽姬路站
步行12分

山陽姬路站
步行15分

姬路城

P.157,A2 兵庫縣姬路市本町68 9:00~17:00，夏季至18:00，結束時間前1小時停止入城 休12/29、12/30 成人￥1000，國小~高中￥300；姬路城 好古園共通券成人￥1050，國小~高中￥360 www.city.himeji.lg.jp/guide/castle

姬路城因為有著白漆喰（抹牆用的灰泥）所塗刷的白壁，所以有白鷺城的美稱。建在姬山上的姬路城從山腳到天守閣頂端，有海拔92公尺高，是非常重要的軍事要塞，其複雜迂迴的防禦性城廓設計，使姬路城更是易守難攻。若要由外緣到城內都全程走完大約需要三小時，尤其是沿著一層層高聳的階梯爬上天守閣更是費力，不過能與珍貴的世界遺產近距離接觸絕對值得。

好古園

P.157,A3 兵庫縣姬路市本町68 9:00~17:00，入園至16:30 休12/29、12/30 成人￥310，國小~高中￥150；姬路城 好古園共通券成人￥1050，國小~高中￥360 himeji-machishin.jp/ryokka/kokoen/

好古園的舊址原為姬路城主的外苑及家臣的房屋所在地，德川幕府時更曾有城主神原政岑為名妓贖身，在這兒金屋藏嬌。借景姬路城為背景的好古園，於平成4年（西元1992年）開園，由九座風情殊異的花園所組成，小橋流水、春櫻秋楓，景色典雅宜人。

也可以去這裡

姬路 FESTA

P.157,C2 FESTA BLD. 兵庫縣姬路市駅前町363-1，GRAND FESTA 兵庫縣姬路市駅前町188-1 10:00~20:00，依店家而異 himeji-festa.com/

與車站直通的商業設施「FESTA」除了在地美食，姬路觀光伴手禮與絕佳甜點也能在這裡找到！位在地下街的「ひめチカ食道」不但能品嚐到深受當地人長年喜愛的在地美食，還有使用當地新鮮海產烹製的料理，可將「姬路美食」徹底品嚐一番。而位在FESTA大樓1樓路面的「のれん街」是個從中午到晚上都能暢飲的復古橫丁，可以邊享用姬路B級美食邊飲酒作樂。

山陽明石站
步行3分

魚の棚商店街

P.153,A5 兵庫縣明石市本町 依店鋪而異 www.uonotana.or.jp

位於明石車站前的魚の棚商店街，明石城築城前後即開始營業，至今已有近400年歷史，演變至今，聚集了眾多海鮮店、特產店、雜貨店、小吃店等，形成一整區熱鬧的街道，人來人往，摩肩接踵，加上此起彼落的叫賣聲，充滿了活力。

也可以去這裡

たこ磯

P.153,A5 魚の棚商店街 兵庫縣明石市本町 1-1-11

11:00~19:00

位在魚の棚商店街內的たこ磯，是明石名物玉子燒的人氣店家，玉子燒也就是明石燒，在明石當地則以玉子燒稱之。明石燒特色是以蛋為主體，章魚燒則是麵粉比例較高，因此明石燒吃起來的口感也比章魚燒更滑嫩，入口即化。

山陽明石站
步行5分

明石公園

P.153,A5 兵庫縣明石市明石公園1-27

明石公園裡種有許多植物，綠蔭繁密，每年春天更是神戶地區著名的賞櫻景點。公園內除了有圖書館、花園綠地之外，還可以看見明石城遺跡，雖然天守閣已不復見，但巽、坤兩座城牆巍峨矗立，十分具有歷史教學意義。

山陽電車
1分

人丸前

山陽電車
6分

舞子公園

人丸前站
步行4分

明石市立天文科学館

P.153,A5　兵庫縣明石市人丸町2-6　9:30~17:00(入館至16:30)　休週一、每月第2個週二(遇假日順延翌日休)、年末、不定休　成人￥700；特別展另外收費　www.am12.jp

天文科學館建於東經135度的日本標準時間子午線上，高達54公尺的高塔成為子午線的標誌。館內展覽有2大主軸，分別是宇宙館和時間館，宇宙館以各種設施展示宇宙天體關係，時間館則收集了世界各地各種測量時間的方法。13、14樓有展望室能夠眺望明石大橋；16樓有設置天文望遠鏡，每個月會開放一次「天体観望会」，需提前至官網預約，只要￥300的報名費就能夠親手使用40cm反射望遠鏡觀測天體。

也可以去這裡

大蔵海岸公園

P.153,B6　兵庫縣明石市大蔵海岸通2-11　海水浴場每年夏季8:30~17:30開放游泳　www.okura-beach.jp/

大藏海岸公園結合大藏海水浴場與烤肉區，是兵庫縣民夏季休閒的好去處。海水浴場的沙灘全長約500公尺，向東可以看到壯大的明石海峽大橋，天氣好時甚至可以看到淡路島；另外設有烤肉區、賣店等。要注意的是，在開放游泳期間之外這裡是禁止游泳的，可別看到海就太興奮地跳下去唷！

舞子公園站
步行5分

明石海峽大橋

P.153,C6　神戸市垂水區東舞子町2051

明石海峽大橋花費十年建造，途中遭遇阪神大震災，克服重重困難於1998年通車，全長3911公尺，為連接淡路島與本州的跨海大橋，也是目前世界上最長的吊橋式大橋，而橋的主塔制高點離海面297公尺高，也是世界最高的。明石海峽大橋完工之後，將本州與淡路島串連起來，可以一路開車從明石經淡路，連接鳴門大橋到四國，大大方便了兩地的交通。明石海峽大橋另有「珍珠大橋」的美稱，因為吊索的部分在夜裡亮起來的燈，看來就像一條垂掛海上的珍珠項鍊。日落之後到23:00之間，長串的燈光有28種花樣變幻。

舞子公園站
步行7分

橋の科学館

P.153,C6　神戸市垂水區東舞子町4-114　9:15~17:00(入館至16:30)　週一(遇假日順延翌日休，7/20~8月、黃金週無休)、12/29~1/3　高中以上￥500，國中小￥250，65歲以上￥350　www.hashinokagakukan.jp

明石海峽大橋在動工前花了近40年完成抗風、耐震等多項模擬與計算，再花了10年建造，於1998年啟用通車，連結了本洲至淡路島的交通。「橋的科學館」展示了明石海峽大橋的基本結構與從企劃到峻工的過程，利用展示版、模型與實際物品、聲光影象等，讓一般人也能了解明石海峽大橋所運用的海洋架橋技術。

也可以去這裡

明石海峽大橋 Bridge World Tour

集合地點在橋の科学館 2F　3~11 月週四～周日及假日，詳見官網　成人￥5000 起，國中生￥2500 起；限定國中以上參加　www.jb-honshi.co.jp/bridgeworld/　須提前於官網預約，並線上付款；若是預約後要取消，務必與 Bridge World 事務局聯絡，預約日前 10 天內取消無法全額退費。

登上明石海峽大橋，踏上一般觀光客不能進入的維修步道，在海上走 1 公里後來到主塔，搭上電梯從 289M 的制高點看向淡路島與整個神戶地區的絕色美景。全程不太用爬上爬下，只要穿雙耐走的鞋子就行！

舞子公園站
步行13分

移情閣：孫文記念館

P.153,C6　神戸市垂水區東舞子町4-2051　10:00~17:00　週一(遇假日順延翌日休)、年末年始(12/29~1/3)　成人￥300，70歲以上￥200　hyogo-maikopark.jp/facility/f04/

神戶為最早開港的港口之一，與中國的關係相當密切，華僑富商吳錦堂在舞子海岸建了別墅「松海別莊」，而移情閣正是別墅中建於1915年的八角型中國式閣樓。從閣樓窗外能分別看到六甲山、瀨戶內海、淡路島、四國等地，藉「移動改變的風情」之意而取名為移情閣，曾是當時宴請國父孫中山的宴會建築，2004年被移至現在地，並於2005年更名，如今展出國父孫中山生平事蹟與修建這棟建築的企業家史料。由於形狀特別，從外看似六角型，所以被當地人暱稱為舞子六角堂。

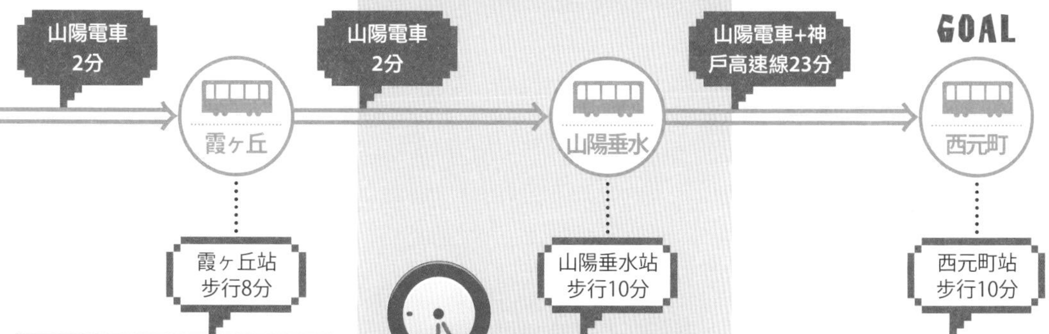

アジュール舞子

P.153,C6 神戸市垂水區海岸通11 開放海水浴場期間：夏季9:30~17:00，詳見官網 www.kobe-park.or.jp/azur/

對於在地的兵庫縣民來說，「白砂青松」是對這一帶的印象。雖然一度荒廢髒亂，但經過復原後，現在舞子至垂水之間長達800公尺的舞子沙灘又恢復成潔白的樣貌，沙灘旁的公園更是種植了大量的松樹，使這塊沙灘綠意盎然。アジュール(azur)是法文中「藍色」的意思，將這塊復原的沙灘公園取此名字，就是希望這裡永遠都是如此綻藍。

三井Outlet Parkマリンピア神戸

P.153,D6 神戸市垂水區海岸通12-2 購物10:00~20:00，餐廳11:00~22:00 mitsui-shopping-park.com/mop/kobe/ 目前全面整新中，預計2024年11月重新開幕

利用神戸特有的港區悠閒氣氛，營造出南歐充滿陽光的感覺，不僅是神戸熱門的購物去處，也是適合全家大小度過假日時光的區域，除了應有盡有的商品以及全年提供的超低折扣，境內也設置多處飲食、休憩專區，一整天待在這裡也不會累。

CONCERTO

P.153,B4 神戸市中央區東川崎町1-6-1 神 ハーバーランド umie モザイク 1F 午餐航班12:00~14:00；午茶航班14:30~16:00；夕陽航班4~9月17:15~19:00，10~3月16:30~18:15；夜晚航班 4~9月19:30~21:15，10~3月19:15~21:00 飲品方案國中以上￥2800，國小￥1800；餐點方案依時段及餐點而異，詳見官網 www.kobeconcerto.com 須在乘船前30分鐘完成報到

憑票券
飲品方案只需
￥1000

神戸港灣遊覽船「CONCERTO」，每日從午到晚帶旅客巡遊神戸港。船內提供各式套餐及吃到飽形式，更有鐵板燒美食可以選擇。午茶食段登船也不用怕肚子餓，有蛋糕、輕食可以選擇；最推薦在夜晚登船享用餐點，耀眼的岸邊燈火自眼前流轉，旁邊還有音樂樂悠揚流洩，氣氛十分浪漫。

期間限定

外國人限定

電車+巴士自由區間

設施折扣

穿梭大阪、奈良與京都間

約40個設施的優惠折扣

近鐵電車一日周遊券

KINTETSU RAIL PASS

近鐵電車周遊券是旅人們到奈良旅遊愛用的票券，除了範圍廣大的五日券版本（→詳見P.020），也有能在京都、大阪、奈良區間通行的一日券跟範圍擴到大奈良郊區的二日券，可以隨意搭乘區間的近鐵電車，也能乘坐奈良交通巴士，減少許多步行的體力，此外還有近40處設施的優惠折扣，如果住在近鐵沿線要來往京阪與奈良之間，這張票券非常好用。

1日1800円
2日3000円
兒童半價

KINTETSU RAIL PASS 1day 大阪-奈良-京都 OSAKA NARA KYOTO

KINTETSU RAIL PASS 2day 大阪-奈良-京都 OSAKA NARA KYOTO

奈良燈花會

奈良每年夏季一度的奈良燈花會是夢幻又美麗的夜間點燈活動，以奈良市的主要景點——奈良公園為主要場地，由猿澤池開始，包括奈良國立博物館、興福寺、東大寺、浮見堂、春日大社等古蹟與建築，都在燈光中顯得如夢似幻，令人彷彿回到了平城京的年代。

8/5~8/14 19:00~21:30

奈良公園內

www.toukae.jp

這樣的你適合用這張票

◎想從近鐵沿線到奈良一日遊
◎想在大阪和京都之間轉移住宿地，並在路途中到奈良觀光
◎不善於規劃轉車行程，想一路玩到底
◎對世界遺產有興趣

1日內京阪奈良隨意通行

能搭乘交通工具

近鐵電車(區間)	生駒登山車
○	○
奈良交通巴士(區間)	**JR線**
○	X

使用範圍

近鐵電車（大阪難波～近鐵奈良、京都～筒井、長田～生駒）、生駒登山車、奈良交通巴士（奈良公園、西之京、法隆寺區間）

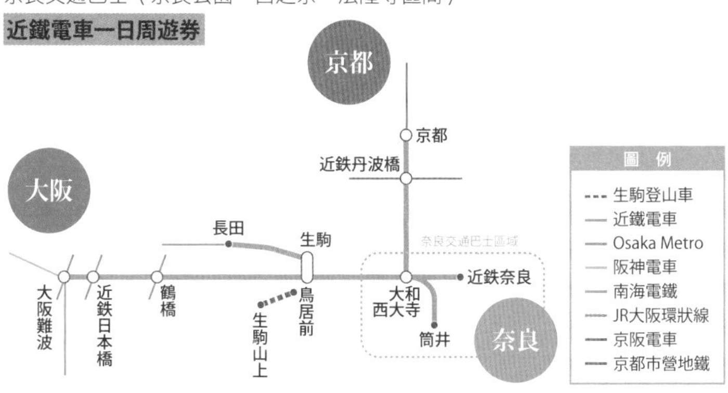

購買資格

持短期停留簽證的外國旅客，購買時須出示護照。

有效期間

使用期限內任選一日或連續兩日。

※於台灣代理店購票後，須於6個月內兌換成實體票券。

購買方法

可以在台灣代理店內購買，至日本後再兌換實體車票。也可以抵達日本後直接購買。

取票地點

兌換：大阪難波、大阪上本町、大阪阿部野橋、京都、近鐵奈良各站。

現場購票：大阪難波、大阪上本町、大阪阿部野橋、京都、近鐵奈良各站；關西國際機場、京都的關西旅遊資訊服務中心；京都大阪指定旅館，詳見官網。

退票

現場購買的周遊券於有效期間內若尚未使用，可於購票處退票，但會收取手續費。在網路或旅行社購買的兌換券依賣方規定為準。

其它

無法搭乘特急列車，若要搭特急列車，需另外購買特急券。票券僅限持有者本人使用。

官方介紹網站

www.kintetsu.co.jp/foreign/chinese-han/ticket/

也可以用其它票券

多種選擇！

◎奈良・斑鳩一日券／奈良・斑鳩1 dayチケット

等於是近鐵電車周遊券的擴大版，和許多其他交通公司合作，發行多達13個版本的擴大版票券，可以依自己住宿地點購買適合的版本。最常用的京都市營地鐵版、京阪版、Osaka Metro版皆為2200円，無兒童票，只要當日近鐵以外的交通費用超過400円，使用這張一定划算！

範圍超廣！

◎關西鐵路卡／KANSAI RAILWAY PASS

自由搭乘關西地區的地下鐵及私鐵，範圍擴及京阪、神戶/姬路（兵庫）、奈良、和歌山及滋賀地區，抵達關西機場後即可使用南海電鐵直達市區，而且不須連日使用，還能在各景點、店家享有優惠。2日版5600円，3日版7000円，6-11歲兒童半價。

→詳見P.016

COURSE #13

在古剎間與奈良小鹿相遇，奈良世界遺產巡禮

與奈良小鹿的一日滿喫

由於近鐵電車連接京都與大阪，中間又途經奈良，許多旅人會安排從京都前往大阪或從大阪前往京都時，順路去奈良玩玩。奈良市區除了隨處漫步的可愛小鹿，還擁有豐富密集的古蹟景點和歷史遺跡，東大寺、興福寺、春日大社、源興寺、藥師寺、唐招提寺和平成宮跡都屬於古都奈良的文化財，法隆寺地區的佛教建築也屬於世界遺產的範疇。走在古都奈良的街道，細看從過往傳承至今的文化，感受奈良為保護世界遺產而做的努力。

8:00	京都站
↓	近鐵電車44分
9:00	近鉄奈良站
↓	沿景點步行即達
10:00	春日大社本殿巴士站
↓	奈良交通巴士07分
11:30	県庁前巴士站
↓	近鐵電車05分
13:30	大和西大寺站
↓	近鐵電車04分
14:30	西ノ京站
↓	奈良交通巴士09分+近鐵電車45分
15:30	中宮寺前站
↓	近鐵電車07分+奈良交通巴士09分
18:00	大阪難波站

GOAL

Check List

沿路必看！必吃！

- ☑拿鹿仙貝餵奈良小鹿
- ☑看遍各個奈良世界遺產
- ☑古樸的町家建築
- ☑從若草山一覽平原風光

Point

讓旅行更順暢的小方法

◎通常奈良的鹿並不會主動攻擊人，但帶著小鹿的母鹿以及處於發情期的公鹿仍有可能較有攻擊性，另外鹿在搶食時力道也不小，和小鹿拍照或餵食時仍須注意。

◎奈良公園周邊慢慢走都走得到，可以先一路逛到若草山上，再從春日大社前搭乘公車下山回到車站。

◎落草山也是日本知名的觀夕陽與賞夜景聖地，許多人還會特地來拍婚紗照！

◎奈良市區除了一些餐廳及商店街營業較晚，要注意大部分的商店大概傍晚5、6點就關門休息了。

近鉄奈良站
步行4分

興福寺

P.158,B2 奈良縣奈良市登大路町48 9:00~17:00(入場至16:45) 國寶館、東金堂共通券(售票至16:15)成人￥900，國高中￥700，國小￥350 www.kohfukuji.com

興福寺本為平安初期藤原一族的祈願寺，始建於飛鳥時代，後來隨著平城京遷都而移建到奈良，境內廟堂伽藍整備，寺名也改為興福寺。地標五重塔高50.1公尺，是日本第二高古寺塔，僅次於京都東寺，是日本第二高的古寺塔。興福寺共有3個金堂，其中東金堂建於西元726年，是聖武天皇為了乞求元正天皇疾病復癒而建，因此東金堂的本尊為三尊藥師佛。

近鉄奈良站
步行10分

奈良公園

P.158,C2 奈良縣奈良市雜司町469

這個區域是奈良最主要的觀光景點，在廣達600公頃的奈良公園內包含東大寺、興福寺、五重塔、春日大社、若草山等不可不去的景點，奈良小鹿不時伴在身旁；周邊還有小說家志賀直哉舊居、奈良博物館等文化設施。若要細細品味奈良獨有的純樸古意，光是奈良公園就夠你玩上一整天。

也可以去這裡

奈良國立博物館

P.158,C2 奈良縣奈良市登大路町 50 依季節及展覽內容變更，詳見官網。入館至閉館前半小時 週一（遇假日順延一天）、12/28~1/1、不定休（詳見官網）大人￥700，大學生￥350，高中以下免費；特別展票另售 www.narahaku.go.jp

還票券
大人￥600
大學生￥300

奈良國立博物館是日本唯一的佛教專門博物館，館內收藏雖以日本佛教文物為主，來自中國、韓國等各地的佛像藝術作品也不少。除了每年秋季的正倉院展，展示東大寺收藏的祕寶而備受推崇外，平常時候也有日本的飛鳥至鎌倉時代等部分雕刻佛像的傑出作品常設展出，相當值得一看。

沿景點
步行即達

春日大社
本殿

春日大社本殿
巴士站步行5分

春日大社

P.XXXX 奈良縣奈良市春日野町160 3~10月6:30~17:30，11~2月7:00~17:00；御本殿特別參拜9:00~16:00；國寶殿10:00~17:00(入館至16:30)；萬葉植物園9:00~16:30(入園至16:00) 御本殿特別參拜￥700；國寶殿大人￥500，大學高中￥300，國中小￥200；萬葉植物園高中以上￥500，國中以下￥250 www.kasugataisha.or.jp

憑票券 國寶殿大人 ￥400

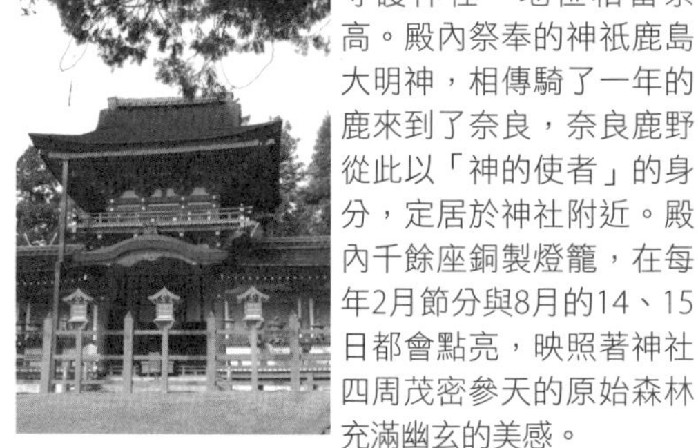

春日大社是奈良平城京的守護神社，地位相當崇高。殿內祭奉的神祇鹿島大明神，相傳騎了一年的鹿來到了奈良，奈良鹿野從此以「神的使者」的身分，定居於神社附近。殿內千餘座銅製燈籠，在每年2月節分與8月的14、15日都會點亮，映照著神社四周茂密參天的原始森林充滿幽玄的美感。

也可以去這裡

春日荷茶屋

P.158,D2 春日大社境內 10:30~16:30(L.O.16:00) 休不定休

位於春日大社神苑門口的春日荷茶屋，是由春日大社直營的茶屋，從江戶時期營業至今。除了各種季節點心和春日大社的「抹茶火打燒」外，春日荷茶屋更以奈良的鄉土料理「萬葉粥」聞名。選用季節植物作為材料所煮成的粥，每個月份都會調整口味，有的配合節氣、有的則配合時令蔬菜。

春日大社本殿
巴士站步行5分

若草山

P.158,D1 奈良縣奈良市春日野町 3月第3個週六~12月第2個週日9:00~17:00 休12月中~3月下旬 價錢：國中以上￥150，3歲~國小￥80 www3.pref.nara.jp/park/item/2585.htm

若草山位於奈良公園內，就如山名所示，是一片廣袤的大草原。山勢不高的若草山得以享有盛名，是因為每年正月的第四個週六是燒山祭；在嚴冬之際熊熊燃燒的若草山，可說是奈良最不容錯過的景觀之一。平時的若草山則是綠草香、白雲飄的踏青好去處，登上山頂更可遠眺奈良市區。

奈良交通
巴士7分

県庁前

沿景點
步行抵達

近鉄奈良

近鐵電車
5分

県庁前巴士
站步行14分

元興寺

P.158,B3 奈良縣奈良市中院町11 9:00~17:00(入寺至16:30) 成人￥500(秋季特別展￥600)，國高中￥300，國小￥100 gangoji-tera.or.jp/

隱藏在奈良老街民家裡的元興寺，是由飛鳥時代蘇我氏創建的古寺，也是日本第一間佛教寺廟。元興寺原本位於飛鳥，名叫「飛鳥寺」（又稱法興寺），隨著平城京遷都而移建到奈良，並改名「元興寺」。境內的僧坊極樂坊屋頂相當特殊，是以名為「行基葺」的古法建成，當中有一小部分據説是日本最早的屋瓦。

也可以去這裡

鹿の舟

P.158,B3 奈良縣奈良市井上町11 9:00~17:00 www.kuruminoki.co.jp/shikanofune

位於奈良町南端的奈良町南観光案内所，以大正時代的町家舊建築改建而成，加上連結隔鄰的2棟建築，形成以「繭」（服務中心）、「竈」（和式餐點）及「囀」（咖啡廳）三個名稱融合而成的複合式區域。這裡的特色在於不但是提供旅遊資料，也在於展現傳統奈良生活文化的面向，透過空間設計區分，有以倉庫作為小型的展示美術館，也有利用奈良特產蚊帳設計成宛如繭一般的小圖書室及閱讀空間。

近鉄奈良站
步行3分

東向商店街

P.158,B2 奈良縣奈良市東向中町、南町(大宮大街~三条大街中間) 依店家而異 higashimuki.jp

奈良市中心並沒什麼大型購物百貨，大都是一些小型獨立商店，若想吃喝買逛一次完成，那麼往東向商店街走就對了。位於奈良町裡、近鐵奈良　出口的這條商店街長大約250公尺，集中許多伴手禮、藥妝、百元店、食堂餐廳、咖啡店等，加上隔鄰平行的小西さくら通り商店街、串聯的三条大街，是購物遊逛的好地方。

也可以去這裡

大佛布丁 近鐵奈良站店

P.158,B2 近鐵奈良站 奈良市東向中町29 近鉄奈良駅 B1F 東改札口方向 11:00~18:00，週末假日~19:00 不定休 www.daibutsu-purin.com

使用牛乳、鮮奶油、雞蛋、糖與香草筴製作出來的素樸美味，口感香濃有如絲綢般滑順，多元創意口味加上可愛的瓶蓋設計，讓大佛布丁成為奈良名物伴手的前幾名。除了原味之外，還有奈良大和茶、地酒「春鹿」、優格等多種特殊又美味的選擇。

大和西大寺 → 近鐵電車 4分 → 西ノ京 → 近鐵電車 7分

大和西大寺站
步行13分

平城宮跡

P.158,A2 奈良縣奈良市佐紀町 公園自由參觀；各設施時間不一，詳見官網 www.heijo-park.jp/

比平安時期更早的奈良時代，日本天皇的首都是在奈良的平城宮，約1300年前平城京遷都時，連地上的宮殿建築物也一起遷走，如今已成為農田的土地裡偶然發掘出古老的石基，才想這就是平城宮遺跡。朱雀門是復元最完整的建築之一，朱紅寬廣的大門類似京都平安神宮，陸續挖掘出的珍貴文物，就展示在資料館內。

西ノ京站
步行2分

藥師寺

奈良縣奈良市西之京町457 9:00~17:00(入寺至16:30) 通常拜觀券(金堂、大講堂、東院堂)成人￥1000，國高中￥600，國小￥200 www.yakushiji.or.jp/

憑此券適用團體費用

藥師寺是天武天皇為了祈求皇后病情能夠復原而發願興建的佛寺。落成於西元698年，屢遭戰火波及，直到近年才開始進行大規模修復工程。東塔是藥師寺唯一僅存的古建築，由於飾有裳階(小屋簷)，看上去彷佛有六層，優美塔身被讚譽為「凝動樂章」，為奈良美術品的代表物之一。

也可以去這裡

唐招提寺

奈良縣奈良市五条町13-46 8:30~17:00(售票至16:30) 成人￥1000，國高中￥400，國小￥200；特別展需另購門票 www.toshodaiji.jp

憑此券適用團體費用

唐招提寺為中國高僧─鑑真所闢，真實保存下興建之初的盛唐建築風格。一入唐招提寺，印入眼簾的就是金堂，素樸廣沈的屋頂、大柱並列的迴廊，與中國寺廟風格極其類似，簡麗明快的線條，更增添大器風範。

中宮寺

奈良縣生駒郡班鳩町法隆寺北1-1-2 3/21~9/30 9:00~16:30，10/1~3/20至16:00，售票至結束時間前15分 國中以上￥600，國小￥300 www.chuguji.jp

中宮寺為聖德太子所創的七寺之一，是太子依照母親遺願而建的寺廟。殿裡的菩薩半跏像是飛鳥時代佛像雕刻的最高傑作，面色溫柔的菩薩微笑悲憫，和蒙娜麗莎並列為「世界三大微笑」之一。另外殿裡的天壽國綉帳是太子妃在太子去世後，想像著太子在天國的生活而刺繡的作品，是日本最古老的刺繡遺品，儘管年代久遠，當時繽紛艷麗的細膩作工仍隱然可見。

也可以去這裡A

法隆寺

奈良縣生駒郡班鳩町法隆寺山内 1-1 2/22~11/3 8:00~17:00，11/4~2/21 至 16:30 西院伽藍、大院、東院伽藍內共通券國中以上￥1500，國小￥750 www.horyuji.or.jp

法隆寺，意指祈祐佛「法」與「隆」，是日本歷史上最為人讚譽的政治家——聖德太子所建，也是目前全世界保存的最完整的木造建築。法隆寺最初興建於西元 607 年，但當時的建物在大火中毀失，目前所見伽藍（意指佛教建築）是在 8 世紀初再次重建。法隆寺境內主要建築屬於日本飛鳥時代，並分為東院與西院，東院最主要的建築為夢殿、西院則是中門、金堂與五重塔。

也可以去這裡B

法起寺

奈良縣生駒郡班鳩町大字岡本 1873 2/22~11/3 8:00~17:00，11/4~2/21 至 16:30 國中以上￥300，國小￥200 www.horyuji.or.jp/hokiji/

比起香火鼎盛的法隆寺，法起寺顯得遺世清淨許多，結構簡素的木造三重塔、講堂座落在一方清幽的庭園內。法起寺原名岡本宮，推古 14 年（606 年）聖德太子在此宣講法華經，因而改名法起寺，與法隆寺、四天王寺、中宮寺，並稱為太子御建立的七寺之一。法起寺內除了已是國寶的三重塔外，還有木造十一面觀音菩薩立像，和銅造菩薩立像同屬重要文化財。木造十一面觀音菩薩立像供奉在講堂內，透過玻璃窗可以得見；銅造菩薩立像的本尊則放在奈良博物館內公開展示。

南海電鐵二日券

NANKAI ALL LINE 2day Pass

從機場就能開始用

一日內自由搭乘南海電鐵全線

南海電鐵是許多旅人往返關西機場與大阪的重要鐵路，這張票券可以搭乘南海電鐵全線，還能享有沿線景點、店家的優惠折扣，從機場就能開始使用，還能到達和歌山、高野山，光是沿線景點就玩不完了！

這樣的你適合用這張票

◎想安排和歌山二日遊旅程
◎喜歡海洋景色
◎喜歡離島旅行
◎不善於規劃轉車行程，想一路玩到底

海外販售
2000円
無兒童票

轉乘其它路線

南海站		轉乘站	路線
中百舌鳥駅	轉乘	なかもず駅	Osaka Metro
和歌山市駅	轉乘	和歌山市駅	JR線
なんば駅	轉乘	なんば駅	Osaka Metro
なんば駅	轉乘	大阪難波駅	阪神電車、近鐵
なんば駅	轉乘	JR難波駅	JR線

1日內隨意搭南海電鐵

能搭乘交通工具

南海電鐵	高野山登山車
○	○
Osaka Metro	**JR線**
X	X

使用範圍

南海電鐵全線、高野山登山車。

南海電鐵二日券

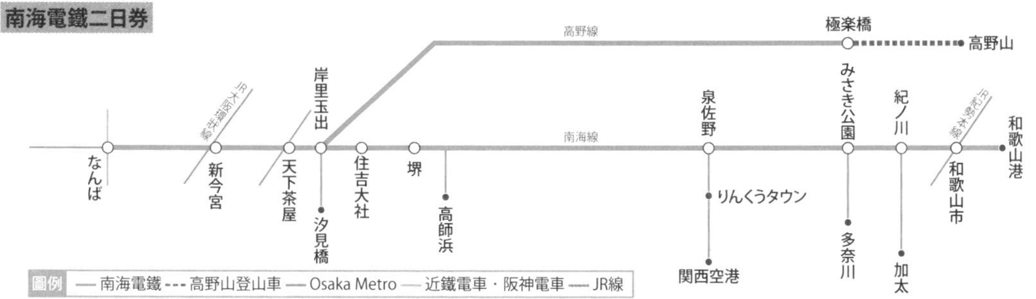

有效期間

使用期限內任選二日，不須連續。

※每年4/1~隔年3/31購買的票券使用期限至隔年4/30前。

購買方法

可以在台灣代理店內購買，至日本後再兌換實體車票。也可以抵達日本後直接購買，在日本購買價格會貴100円。

取票地點

兌換：南海電鐵關西空港、なんば（難波）、新今宮、天下茶屋各站。

現場購票：南海電鐵なんば（難波）、新今宮、天下茶屋、堺、堺東、泉佐野、りんくうタウン（臨空城）、關西空港各站。

退票

現場購買的周遊券於有效期間內若尚未使用，可於購票處退票，但會收取手續費。在網路或旅行社購買的兌換券依賣方規定為準。

其它

無法搭乘特急列車指定席，若要搭乘需另外購買特急指定席券。票券僅限持有者本人使用。

官方介紹網站

www.howto-osaka.com/tc/ticket/web-nankaialline2daypass/

和歌山市深度遊！

也可以用其它票券

◎和歌山觀光一日券／和歌山観光きっぷ

可以從なんば、新今宮、天下茶屋、堺站購票，並搭乘購票站～和歌山市站的南海電鐵往返一次，也能無限搭乘和歌山巴士、和歌山巴士那賀，並享有眾多和歌山市內景點、店家的優惠，適合想好好遊覽和歌山的旅人。大人2080円、兒童1040円。

◎關西鐵路卡／KANSAI RAILWAY PASS

自由搭乘關西地區的地下鐵及私鐵，範圍擴及京阪、神戶/姬路（兵庫）、奈良、和歌山及滋賀地區，抵達關西機場後即可使用南海電鐵直達市區，而且不須連日使用，還能在各景點、店家享有優惠。2日版5600円，3日版7000円，6-11歲兒童半價。**→詳見P.16**

COURSE #14

坐上可愛鯛魚列車，悠游美麗大自然中

和歌山二日輕旅行

和歌山同時有著豐富自然觀光資源以及歷史文化，從難波坐上南海電鐵直達和歌山市，看那壯觀高聳的百大名城之一——和歌山城，再到加太這座寧靜的小漁村，入住溫泉飯店泡湯觀賞日落，當然也不能錯過搭乘汽船到友島來個半日遊！

坐這麼多趟！

原本2630円
⇓ 購票只要
2000円
使用這張票全程省630円

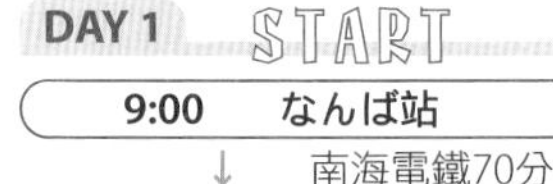

DAY 1 START

9:00	なんば站
↓	南海電鐵70分
10:30	和歌山市
↓	南海電鐵20分
13:30	磯ノ浦站
↓	南海電鐵4分
15:30	加太站

GOAL

DAY 2 START

13:30	加太站
↓	南海電鐵1小時30分
16:00	今宮戎站
↓	南海電鐵03分
18:30	なんば站

GOAL

Check List

沿路必看！

- ☑日本100名城之一：和歌山城
- ☑特色和歌山拉麵
- ☑泡溫泉看加太海景與夕陽
- ☑現實版天空之城的友島
- ☑可愛活潑的鯛魚電車

Point

讓旅行更順暢的小方法

◎難波～加太站單程1010円，光是往返就值回票價！
◎前往友島的汽船班次並不多，建議事先決定好去程跟回程時間。
◎友島汽船假日使用遊客眾多，建議一早先到現場領號碼牌。
◎鯛魚電車共有五款，若有特別想搭到的款式，可以事先查好發車時間。
◎鯛魚電車上也會販售限定的電車紀念品，千萬別錯過了！

南海電鐵
70分

南海電鐵
20分

和歌山市站
步行15分

和歌山市站
步行14分

和歌山城

和歌山縣和歌山市1-3 天守閣、わかやま歷史館9:00~17:30；西之丸庭園(紅葉溪庭園)、御橋廊下、動物園~17:00；茶室紅松庵~16:30 休12/29~12/31；茶室紅松庵12/29~1/3；動物園6~9、12~2月週二(遇假日順延隔日休) 天守閣及歷史館共通票高中以上¥410，國中小¥200 wakayamajo.jp/index.html

憑票券
高中以上
¥300

1585年由豐臣秀吉的弟弟豐臣秀長所建的和歌山城位於標高50公尺的虎伏山頂，由位於東邊的「本丸御殿」及位於西邊的「天守閣」組成。本丸御殿原本是當地藩主的居所，自從德川幕府執政之後就成為空閣。而天守閣則經歷多次破壞和重建，現在我們看到的則是1958年以鋼筋重建的新天守閣。

也可以去這裡

和歌山縣立近代美術館

和歌山縣和歌山市吹上1-4-14 9:30~17:00(入場至16:30) 休週一(遇假日順延隔日休) 常設展成人¥350，大學生¥240 www.momaw.jp

和歌山縣立近代美術館位在和歌山城公園外側，1994年由建築家黒川紀章操刀，以和歌山熊野古道的意象在館外興建大片瀑池與散步道，而館立矗立的巨大燈籠則給予強烈的生命意象。館內收藏川口軌外、野長瀬晩花等出身和歌山的畫家作品，而現代美術作品也不在少數，值得找個悠閒午後來此靜靜欣賞。

まるイ 十二番丁店

和歌山縣和歌山市十二番丁87ル・シャトー十二番丁1F 11:00~21:00，週日~17:00 ramen-marui.com

來和歌山決不能錯過吃碗在地拉麵。以整碗拉麵放入天量般蔥花的超大份量，吸引許多青蔥愛好者，當然埋在蔥花下的拉麵，也一樣不簡單，2天才能完成的高湯，搭配自家特製麵條，取用鹿兒島的豬肉做成叉燒，而每天晨摘鮮送的「綠寶黑蔥」，辛辣爽脆與濃厚高湯融合成恰好的風味。

南海電鐵
4分

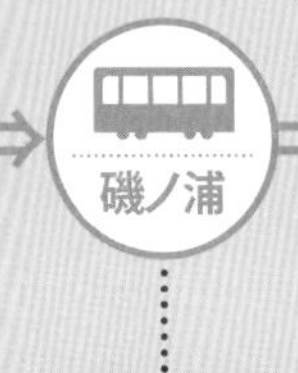

加太

磯ノ浦站
步行2分

磯の浦海水浴場

P.159,G1 和歌山縣和歌山市磯の浦 7~8月8:00~17:00

磯の浦海水浴場以美麗的夕陽著稱，而這裡更是衝浪者的天堂，每當起風的季節、颱風前後，海岸邊滿滿的衝浪人潮讓人感受夏天的魅力。除了專業的沖浪之外，附近專營衝浪教學的店家也不少，若有時間不妨來此體驗衝浪。

也可以去這裡

Café Glück

P.159,G1 和歌山県和歌山市磯の浦386-2 9:00~17:00 休週四 www.instagram.com/cafe_gluck/

位在磯ノ浦海灘邊的Café Glück，簡單的空間讓人渡過濱海悠閒時光。踏上樓梯來到2樓，空間十分溫馨舒適，有大大的沙發讓人悠哉地坐臥，推開門還能通到陽台，面向海灘欣賞夕陽更是享受。這裡提供輕食、飲品，簡單卻不馬虎，每一道都是由店主精心製作。

加太站
步行10分

加太春日神社

P.159,F2 和歌山縣和歌山市加太1343 www.hir.ne.jp/e3/omiya/

加太春日神社的創建年代不詳，在日本的神話中，據說神武天皇東征之時，天道根命帶著二大神寶「日矛」與「神鏡」從加太浦登陸，並在此建造了祭殿，便是春日神社的前身。後來因祈求漁民海上作業順利，與住吉大神合祀，現在本殿被登錄為重要文化財，許多特殊的雕飾與神殿建造特色都保存下來，值得一看。

加太站
步行20分

淡嶋神社

P.159,F3 和歌山縣和歌山市加太118 9:00~17:00
自由參拜；寶物殿限團體預約，成人￥300，小孩￥200 www.kada.jp/awashima/

據傳神宮皇后出兵的歸途，在海上遇到風暴，當時神喻指示任船漂流便會平安，後來船漂到的地方便是「友ヶ島」。為了表示感謝，神宮皇后將寶物供在島上，直至仁德天皇前來祈祀時才遷到加太現址。而淡嶋神社最為人知的便是雛人型的供養，神社內各出都擺滿了雛人型和人偶，有關求子、生產、結緣、交通安全等也十分靈驗。

也可以去這裡

滿幸商店

P.159,F3 和歌山縣和歌山市加太 118 淡嶋神社境內 9:00~15:00(L.O.14:00) 休 週二、三

位在淡嶋神社參道入口處簡單搭起的小屋，卻有著不可思義的美妙飲食體驗。必點的魩仔魚丼之外，老闆娘特別推薦品嚐能吃到整整一隻鯛魚的「初心者套餐」，5種口味的鯛魚生魚片、炸魚皮、金山寺味噌燒、荒煮、味噌湯等，一魚多吃只有這裡有！另外前菜的9宮格盤上滿是和洋折衷的好滋味，想吃不一樣的日式料理，來到滿幸商店包準大大滿足。

加太站步行
20分

淡嶋溫泉 大阪屋ひいなの湯

P.159,F3 和歌山縣和歌山市加太海岸通り Check in 15:00，Check out 10:00 www.hiina.com
從加太站也有飯店接駁巴士，訂房時可先預約

在加太地區當地的「淡嶋温泉 大阪屋ひいなの湯」，以能邊眺望海岸夕陽邊泡露天溫泉而著名，除了住宿以外，也有日歸的泡湯方案。旅館內的客房皆面海，在客房裡便能享受優閒自在地眺望美麗海景與夕陽的樂趣。旅館內的溫泉是屬於重曹泉，含有碳酸氫鈉成分，並譽有「美人湯」之稱，獲得不少女性遊客的青睞與喜愛。

也可以去這裡

休暇村紀州加太

P.159,E2 和歌山縣和歌山市深山 483 Check in 15:00 / Check out 10:00；當日泡湯 12:00~15:50（入場至 15:00） 當日泡湯成人￥1200，兒童￥600 www.qkamura.or.jp/kada 從加太站也有飯店接駁巴士，訂房時可先預約

還票券 成人 ￥1000

休暇村是日本的全國性連鎖飯店，位在加太外側的高地上的紀州加太，居高臨下的視野十分好，房型充滿和風摩登的雅趣，不管是洋式或和式，窗外的美景才是入住的唯一重點。早晨被紀淡海峽美麗的海色喚醒，黃昏在夕陽照耀下休息，晚餐前再前往大浴場「天空の湯」浸浴在無邊際溫泉池中，讓美肌之泉洗去一身疲憊。

乘船處加太港距加太站步行15分

友ヶ島

P.159,F3(乘船處) 友島汽船運行日從加太港9:00、11:00、13:00、16:00發船，黃金周、七月底~八月底加開10:00、15:00(日歸旅客無法搭乘15:00的船班)；友島發船時間為加太港發船時間半小時後 3~12月週三、1~2月平日 往返大人￥2200、小孩￥1100 tomogashimakisen.com/main/ 1人僅能攜帶1件手提行李，若攜帶30公斤以下小型行李需額外付費。每日早上會發第二班船次後的號碼牌，每船班限100人。

友ヶ島其實由地島、虎島、神島、沖之島四個島組成，而一般開放給遊客上島的則是面積最大的沖之島。如果想要把沖之島全部逛完，繞島一圈起碼要預留4至6個小時，若是時間只有2小時左右，則建議遊西半島就好。島上的軍事遺跡充滿頹敗神秘感，也正是因為其長久保存的質樸特色與緩慢步調，加太成為人們避世的好去處。

友ヶ島上

第3砲台跡

P.158,A6

紅磚砌成的煉瓦牆爬著青苔，大砲座的遺跡積留雨水成為小池，神秘景色被喻為動畫空中之城的現實版！作為鎮守瀨戶內海東側的軍事要塞，現在在海風的吹撫下，靜靜地訴説著過忘風華。

タカノス山展望台

P.158,A5

從第3砲台跡繼續向上走，到了制高三角點附近，有片廣大的草地，一旁有兩座涼亭，這裡便是鷹巢山展望台。由於這裡是友ヶ島的最高處望出去的景色十分美麗，不但能看到神島與沖島的東半側車島與地島也盡入眼底。另一個角度能望向淡路島與友ヶ島灯台。

加太站步行15分

小嶋一商店

P.159,F2 和歌山縣和歌山市加太425 9:30~17:30，週四、日10:00~18:00(售完為止)

不同一般市販蓬草麻糬只有表皮綠色，嚐起來卻沒有蓬草味，小嶋商店每天現作的蓬草麻糬，以帶點微微苦味的蓬草引出糯米的香甜，由於麻糬水份並不多，所以吃起香滑但不黏牙，還帶些嚼勁，是復古的老味道！

也可以去這裡

オジバ商店

憑票券贈飲料

P.159,F3 和歌山縣和歌山市加太 249 週末、假日11:00~17:00 www.instagram.com/otakasan77/?hl=ja

オジバ商店將老房子重新整理，以共享空間的想法，集結咖啡、戶外雜貨與古書店三間店。復古和雜貨、新銳作家的設計品等擺滿一室，オジバ商店也希望能藉由許多展覽、作家商品展示，帶領更多人認識加太。

南海電鐵1
小時30分

南海電鐵
3分

GOAL

今宮戎

なんば

加太站內

南海電鐵 鯛魚電車

每小時約2～4班，詳見官網 www.nankai.co.jp/kada/medetai.html

鯛魚電車是南海電鐵自2016年起陸續推出的列車，將代表加太與幸福的「鯛魚」化作列車，並結合加太的淡嶋神社「緣結」的特色，吸引許多旅人前來搭乘。鯛魚列車目前共有五個款式，分別有粉紅媽媽鯛魚「さら」、粉藍爸爸鯛魚「かい」、紅色小孩鯛魚「なな」、漆黑冒險船「かしら」，和連繫太古到未來海洋的彩虹列車「かなた」，每台列車不只外裝繽紛可愛，就連車廂內的拉環、座椅，每一處小細結都不放過，坐上列車心情也跟著雀躍起來，好像自己化身鯛魚悠游於鐵道上。

今宮戎站
出站即達

今宮戎神社

P.145,C1 大阪市浪速區惠美須西1-6-10 6:00~17:00，南側門開至22:00 www.imamiya-ebisu.jp/

今宮戎神社是大阪最重要的信仰，供奉的是笑容可掬、一手拿著釣竿一手拿著鯛魚、掌管漁業的戎神，隨著時代變遷，戎神成為保佑市場繁盛的商業之神，在江戶時代躍升為日本最重要商業都市的大阪，當然也就最信奉這充滿親切感的戎神。

也可以去這裡

釣鐘屋本舗 本店

P.145,C1 大阪市浪速區惠美須東1-7-11 9:00~18:00 www.tsuriganeyahonpo.co.jp

通天閣旁的釣鐘屋總本舖就是著名大阪特產的老總店，仿造四天王寺裡的大鐘形狀所做成的釣鐘燒，已有100多年的歷史，內餡是綿密細緻、不過份甜膩的紅豆餡，另外還有香蕉形狀的 名代芭蕉 ，內餡則是北海道的白豆餡，都是歷久不衰的伴手好禮。

今宮戎站
步行9分

グリル梵 本店

P.145,C1 大阪市速區惠美須東1-17-17 12:00~14:00，17:00~19:30

1961年創業的老舖洋食店，目前是二代目店主二井利治機經營，招牌名物為炸牛肉排三明治，先送上蔬菜湯暖暖胃，接著是主角炸牛肉排三明治搭配醃漬過的蔬菜使，餐點使用有歷史歲月的鐵器盛裝著，跟老建築氛圍相得益彰，微烤過的吐司夾著厚實的炸牛肉排，外酥脆，內充滿飽滿的肉汁，加上祖傳獨門秘傳的醬料，鹹甜的滋味口齒留香，飽餐一頓後，送上一杯草本茶大滿足。

登山車
電車往返、巴士自由區間
＋
設施折扣

高野山・世界遺產二日電子票

高野山・世界遺産デジタルきっぷ

多種起點站選擇

此為電子票券

從難波出發
3140円
去程付特急券版
3690円
無兒童票

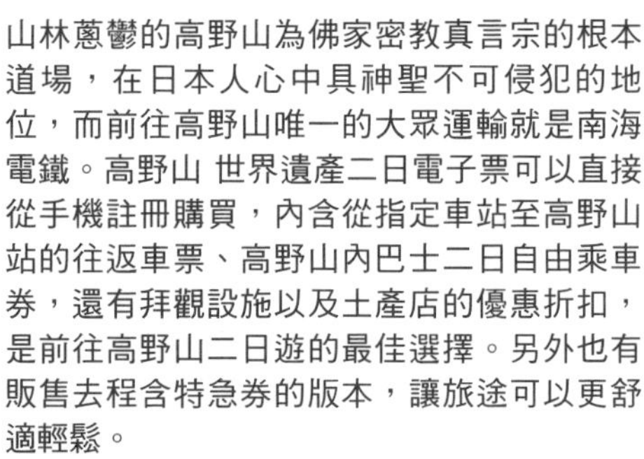

山林蓊鬱的高野山為佛家密教真言宗的根本道場，在日本人心中具神聖不可侵犯的地位，而前往高野山唯一的大眾運輸就是南海電鐵。高野山 世界遺產二日電子票可以直接從手機註冊購買，內含從指定車站至高野山站的往返車票、高野山內巴士二日自由乘車券，還有拜觀設施以及土產店的優惠折扣，是前往高野山二日遊的最佳選擇。另外也有販售去程含特急券的版本，讓旅途可以更舒適輕鬆。

2日內高野山通行無阻

能搭乘交通工具

南海電鐵(區間往返)	高野山登山車(往返)
Δ*	Δ*
高野山內巴士	**JR線**
○	X

*南海電車僅可搭乘指定車站至高野山站往返一趟，並非無限次搭乘，中途下車出站則票券作廢無法再使用。

*高野山登山車僅限搭乘往返一趟，非無限次自由搭乘

使用範圍

南海電鐵指定車站～高野山駅往返（含高野山登山車）、高野山內巴士。

*可指定的往返車站請參考地圖黃色站點。

有效期間

指定日期起連續二日。

※購買電子票券時須指定使用日期。

※若購買後想更改日期，需先退票再重新購買。

購買方式

僅能使用手機購票，於官方網站使用email註冊帳號並線上刷卡購買，可提前一個月購票，但須注意無法於購票當日使用。另有於南海電鐵各站販售實體紙本票券，但價格會略高於電子票券。

退票

有效期限內、未使用的情況下可自行於手機退票，不收取手續費。一旦開始使用即不可退票。

其它

一般版本無法搭乘特急列車指定席，若要搭乘需另外購買特急指定席券；可以搭乘觀光列車天空號的自由席車廂。付特急券版本只限搭乘從販售車站前往高野山站單程的特急列車。

官方介紹網站

www.nankai.co.jp/traffic/digital/koyasan.html

這樣的你適合用這張票

◎喜歡佛教、寺廟文化
◎想欣賞世界遺產
◎喜歡漫步山林間的行程
◎覺得分段買票很麻煩，想一張票走透透

空海大師

談到高野山必先了解開闢高野山壇上伽藍的弘法大師「空海」。空海創立日本密教真言宗，與真澄大師創立的天台宗，成為平安時代日本佛教的兩大支柱。以遣唐使的身分前往長安學習佛法的空海帶了珍貴的佛經、法器、佛具回到日本，由於空海生前最後幾年長居高野山，山上的古剎遺蹟幾乎都與空海有關。空海不僅是日本佛教界的一代宗師，更是書法家、詩人、畫家、教育家，將中國文化的精髓帶入日本的第一人。

多種選擇！

也可以用其它票券

◎高野山一日券／高野山1dayチケット

南海電鐵也有和許多其他交通公司合作，發行9個版本的擴大版一日券，其中較常被使用的包含京阪版3800円、阪急版3700円、阪神版3600円、Osaka Metro版3600円，可以依自己住宿地點購買適合的版本。

範圍超級廣！

◎關西鐵路卡／KANSAI RAILWAY PASS

自由搭乘關西地區的地下鐵及私鐵，範圍擴及京阪、神戶/姬路（兵庫）、奈良、和歌山及滋賀地區，抵達關西機場後即可使用南海電鐵直達市區，而且不須連日使用，還能在各景點、店家享有優惠。2日版5600円，3日版7000円，6-11歲兒童半價。→詳見P.016

COURSE #15

START DAY 1 なんば

步入世界遺產，感受高野山的神秘與莊嚴

高野山二日聖地巡禮

空海大師生前最後幾年長居高野山，眼見四周的山景宛如四佛和四菩薩，又如八葉蓮台之形，認為這裡充滿靈氣，便決定在此開山建寺。搭上直達高野山的南海電鐵，步入山林蔥鬱的高野山，隨著山內巴士沿線參拜各個佛寺，靜心感受絕塵清靜的佛都氛圍，並在宿坊住一晚，品嘗僧人的精進料理、體驗抄寫經文、冥想、早課，讓身心都隨之清淨。

坐這麼多趟！

原本4420円
↓購票只要
3140円
使用這張票全程省1280円

高野山・世界遺産 デジタルきっぷ

Check List

沿路必看！

- ☑搭乘天空號觀光列車
- ☑世界遺產高野山的莊嚴佛寺
- ☑入住宿坊體驗僧人生活
- ☑抄寫經文靜心

Point

讓旅行更順暢的小方法

◎寺廟境內範圍廣大，建議挑選一雙好走的鞋子前往。

◎高野山是標高1000公尺的山區，氣溫較一般平地低，尤其奧之院參道林木參天，氣溫更低，建議盡量上午先從這裡開始，以免越晚越冷。

◎難波～高野山站並非每班電車都直達車，若不想轉車，建議事先查好時間。

◎天空號平日僅兩班，周末三班，若想搭乘記得事先確認時間。

DAY 1 START

9:00 なんば站
↓ 南海電鐵90分
10:30 極楽橋站
↓ 高野山登山車5分
10:40 高野山站
↓ 高野山內巴士6分
11:00 女人堂站
↓ 高野山內巴士15分
13:30 奥の院前站
↓ 高野山內巴士3分
15:30 苅萱堂前站

GOAL

DAY 2 START

10:15 苅萱堂前站
↓ 高野山內巴士2分
10:30 千手院橋站
↓ 高野山內巴士3分
14:00 金堂前站
↓ 高野山內巴士6分
15:20 高野山站
↓ 高野山登山車5分
15:35 極楽橋站
↓ 南海電鐵天空號50分
16:25 橋本站
↓ 南海電鐵50分
17:22 なんば站

GOAL

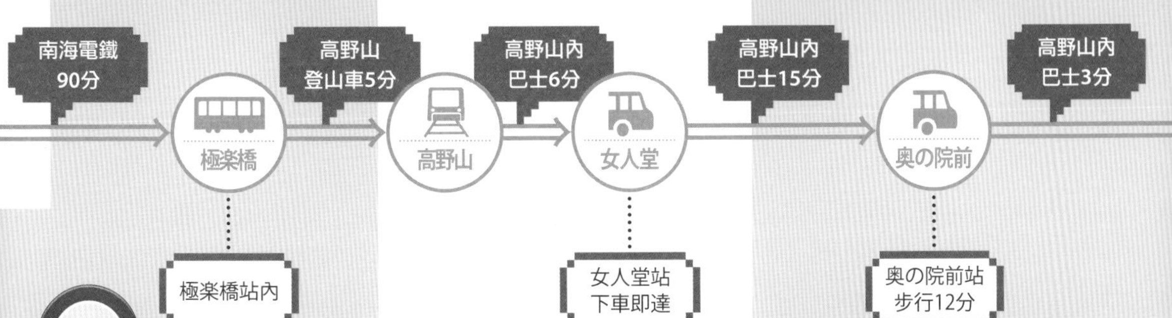

極楽橋站內

高野山登山車

P.159,E5 每小時約3~4班車，會配合抵達極楽橋駅的列車來發車，車程5分鐘 單程成人￥500 www.nankai.co.jp/koya/cablecar/

還票券免費往返一次

高野山登山車是由南海電鐵所經營的鋼索線，從極樂橋駅搭乘登山車至高野山駅只要花費5分鐘，但高低差達328公尺，且山壁陡峭，令人嘆為觀止。雖然兩側看不到什麼風景，但這可是一般觀光客通往高野山最容易的途徑。搭乘纜車至高野山站後即可轉乘巴士至各大觀光景點。

女人堂站
下車即達

女人堂

P.159,E5 和歌山縣高野町高野山709 9:00~16:30

過去在高野山有七個登山入口，被稱為「高野七口」，為了潛心修研佛法，空海設下不准女人入高野山的清規，在明治5年（西元1872年）之前通往高野山的七個入口結界前都設有女人堂，女性信徒只能由女人堂遙拜，不得進入高野山伽藍。而現在的女人堂則是當初七個女人堂中僅存的唯一建物，十分珍貴。

奥の院前站
步行12分

奧之院

P.159,G4 和歌山縣伊都郡高野町高野山550 燈籠堂6:00~17:00 www.koyasan.or.jp/meguru/sights.html#okunoin

充滿靈氣的奧の院是弘法大師空海的安身之所，更是日本規模最大的墓園，從早期武士貴族、幕府將軍，到近代的松下、鈴木等企業家族，均埋葬於此或設立家廟。奧之院的入口是「一之橋」，由此穿過「二之橋」、「御廟橋」，最後抵達奧之院最神聖的「御廟」。御廟地下樓層展示了弘法大師由中國取回的法器；廟的前方是燈籠堂，內殿與迴廊上懸掛了數以千計不滅的燈籠，正是千萬個向大師祈禱祝願的心情。

在宿坊住一晚

高野山內
巴士2分

DAY 2

苅萱堂前

千手院橋

苅萱堂前站
下車即達

自由選擇
地點

千手院橋站
步行7分

苅萱堂

P.159,F6 和歌山縣伊都郡高野町高野山478 8:00~17:00 平日一晚￥6600、附早餐￥7700、一泊二食￥13500，周末假日另計 koyasanmitsugoninn.wixsite.com/website

相傳九州筑前的領主因看破紅塵而至高野山出家，法號苅萱道心。多年後，其子石童丸帶著母親一同前來尋找父親，因女人不能入山，母親便在山腳等待。石丸童入山後尋到其父苅萱道心，但道心因已出家無法與兒子相認，便告訴他父親早已過世，傷心的石童丸下山時發現母親已病逝，又回到高野山拜在苅萱道心門下修行，共侍佛法。來到苅萱堂可欣賞這個故事的版畫作品，了解早期高野山的傳說祕話，另外這裡也作為宿坊，可以體驗入住佛寺並享用為僧人準備的精進料理。

宿坊

www.shukubo.net/contents/stay/

高野山內共有117座寺廟，其中52個僧院開放民眾住宿，稱為宿坊。房間簡樸中另有日本建築特有的美感，事實上歷史久遠的宿坊不但建築雕飾可與京都的寺院比美，庭園的境界和獨特也值得細細品味。黎明即起，與僧侶們一同早課，在晨光中與僧侶齊誦經文，或是澄心靜氣抄寫經文，雖然語言不同，卻可同心感受到那份虔誠祝禱的心。

金剛三昧院

P.159,E6 和歌山縣伊都郡高野山425 8:00~17:00，限定期間開放，詳見官網 平日精進料理一泊二食￥16000起/人；激安方案一泊二食￥12000起/人 www.kongosanmaiin.or.jp

金剛三昧院從平安時代就是天皇、貴族以及後來的幕府將軍們常御駕親臨的院所。檜木葺皮的屋宇極度優雅。院內除了作為宿坊供參拜旅人住宿，也有提供香料調配、寫經、冥想等體驗。

也可以去這裡

森下商店總本舖

P.159,E6 和歌山縣伊都郡高野町高野山 725 9:30~15:30 休週一

森下商店總本舖的胡麻豆腐素樸溫醇的味道讓人一吃難忘，想要帶些伴手禮的話，推薦可以買真空包裝，室溫保存約2週，要吃前1小時放入冰箱冰鎮後更美味。

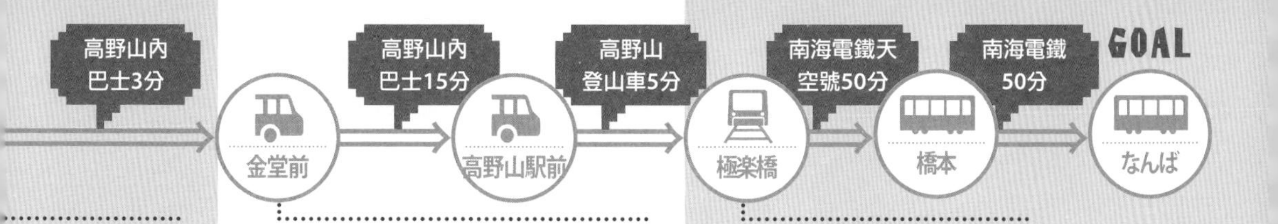

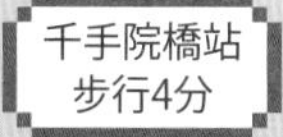

金剛峯寺

P.159,E6 和歌山縣伊都郡高野町高野山132 8:30~17:00，售票至16:30 金剛峯寺國中以上￥1000，國小￥300 www.koyasan.or.jp

自從空海建立金剛峯寺，指定為真言宗傳教道場後，金剛峯寺便成為日本真言宗的總本山，日本全國三千多個真言宗寺院，流歸於此。16世紀時由豐臣秀吉在此重建「青巖寺」追念其母親，而目前的建築是1862年重建，並於1868年正式更名為金剛峯寺。寺內除了收藏重要的「兩界陀羅圖」等佛教寶物，房間內以金色為底的畫作均出自狩野派的作品。

金堂前站下車即達

壇上伽藍

P.158,D6 和歌山縣高野町高野山152 8:30~17:00，售票至16:30 金堂、根本大塔國中以上￥500 www.koyasan.or.jp/meguru/sights.html#danjogaran

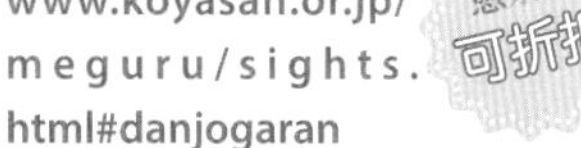

以根本大塔為中心，由金堂、不動堂、御影堂等寺廟所構成的壇上伽藍將密教思想具體化，代表大日如來佛鎮座壇上。壇上伽藍上朱色顯目的「根本大塔」內供奉著大日如來與金剛界四佛，16根大柱及牆壁上描繪著充滿密教色彩的曼荼羅世界。

極楽橋站內

觀光列車 天空號

3~11月週三、周四停駛(遇假日運行)，12~2月僅週六、假日運行，日期每年不一，詳見官網 指定席須提前電話預約，或當日現場若有空位可購買指定券，大人￥520，￥兒童260 www.nankai.co.jp/koya/tenku/index.html

2009年開始行駛在南海高野線的天空號，以欣賞山林美景為目的，打造了悠閒寬闊的空間，座席面向西側，並加大窗戶，讓乘客在搭車途中都能欣賞到沿線美麗風景。配合山林氣息，車內以原本打造，車兩塗裝也以森林為意象塗上綠色，而紅色線條則是高野山的象徵根本大塔。每到春季，学文路～九度山站一帶櫻花綻放，乘坐天空列車賞櫻非常享受！

附錄 機場進出優惠票券

	HARUKA單程車票 HARUKA One-Way Ticket	Rapi:t電子票 関空トク割 ラピートきっぷ	神戸高速船 外國旅客優惠券 Bay Shuttle Foreign Tourist Ticket
機場	關西機場	關西機場	關西機場
使用區間	関西空港往返大阪、神戶、京都、奈良地區的**JR電車**單程車票	関西空港～堺站、天下茶屋站、新今宮站、～なんば（難波）站的**南海電鐵**單程車票	関西空港～神戸空港的**神戶高速船Bay Shuttle**單程票
價格	關西機場～天王寺￥1300 關西機場～大阪‧新大阪￥1800 關西機場～京都￥2200 關西機場～神戶￥2000 關西機場～奈良￥1800 *兒童票(6-11歲)為半價	一般席￥1300 商務席￥1490	￥500
有效時間	1日	1日	1日
使用需知	◎JR普通、快速、新快速列車皆可搭乘，特急列車則僅可搭乘Haruka。 ◎可至綠色售票機或綠色窗口使用票券免費指定Haruka座位一次。 ◎只要中途不出車站，可於指定區間內的任何JR車站下車。	◎無法於購票當日使用。 ◎可於使用日期一個月前購買。 ◎特急Rapi:t α不停靠堺站。 ◎特急Rapi:t為全車指定席，沒有預先指定座位無法搭乘。 ◎購票後可直接使用手機指定特急Rapi:t的座位。 ◎若中途下車出站，則車票不能再使用。 ◎隨票附難波CITY、難波PARKS、難波SkyO優惠折扣，須至難波PARKS 2F服務台兌換成實體券，才可使用。	◎從關西機場前往乘船，須先至第一航廈12號巴士站搭乘免費接駁巴士，到關西機場港口碼頭即可搭船。 ◎除了現場購票，也能事前線上預訂取得QR Code電子票證。如有線上預先註冊人臉辨識，乘船當日也能直接使用人臉辨識系統登船。
單程時間	関西空港→京都駅約78分	関西空港→なんば駅約41分	関西空港→神戸空港約45分
售票處	於台灣代理店或JR西日本官網預訂，到日本後，至指定車站綠色售票機或觀光服務處兌換。	需使用手機線上刷卡購買，由以下官網連結點選購票：www.howto-osaka.com/tc/ticket/rapit/	關西國際機場第1航廈1樓售票櫃台、第2航廈售票櫃台及神戶售票櫃台。
購買身分	持短期停留簽證的外國旅客，兌換票券需出示護照。	無限制	持短期停留簽證的外國旅客，購票需出示護照。

臨空城電子票（單趟版） Rinku Premium Outlets Digital Ticket (one-way version)	關西機場近鐵+巴士單程券 関西空港レール&バス片道特割きっぷ	關西德島單程票 とくしま好きっぷ
關西機場	關西機場	關西機場
関西空港～りんくうタウン（臨空城）～なんば（難波）三站的**南海電鐵**單程車票	名張駅以東的指定車站→大阪上本町駅間的**近鐵電車**單程車票 大阪上本町駅→關西機場的**利木津巴士**單程乘車券	南海電鐵指定售票站～和歌山港駅的**南海電鐵**單程車票 和歌山港～德島港的**南海渡輪**單程票
￥1760	近鉄名古屋駅出發 大人￥3830 兒童￥1920 近鉄四日市駅出發 大人￥3470 兒童￥1740 伊勢市駅出發 大人￥3240 兒童￥1620 名張駅出發 大人￥2430 兒童￥1220 *僅列出主要車站	大人￥2500 兒童￥1250
1日	連續2日	1日
◎無法於購票當日使用。 ◎可於使用日期一個月前購買。 ◎僅可搭乘關西機場往難波站或難波往關西機場站的單程南海電鐵，並中間於臨空城下車一次，無法在其他途中車站進出站。 ◎隨票附臨空城1000円購物抵用券、餐飲店優惠折扣，須至臨空城1F服務台兌換成實體券，才可使用。	◎可於使用日期一個月前購買。 ◎若要搭乘特急列車須另購特急券。 ◎利木津巴士若座位已滿則無法上車，須等下班車。 ◎由於車況不一，若在上下班等尖峰時間搭乘最好預留時間。	◎若要搭乘南海電鐵指定席、南海渡輪商務艙，須另外購票。 ◎於車站窗口可提前購票，初次使用時會寫上日期。 ◎於自動販賣機購買的票券限購買當日有效。
関西空港→りんくうタウン駅約7分	大阪上本町駅→関西空港約50分	関西空港→德島港約3小時20分
需使用手機線上刷卡購買，由以下官網連結點選購票：www.howto-osaka.com/tc/ticket/rinku_ow/	近鐵電車主要車站：京都、大和西大寺、近鐵奈良、大阪難波、大阪上本町、名張、伊賀神戶、伊勢市、鳥羽、賢島、近鐵四日市、近鐵名古屋等各站。	南海電鐵主要車站：關西機場、難波、新今宮、天下茶屋、堺、堺東、和歌山市、臨空城、極樂橋、高野山、中百舌鳥等各站。
無限制	無限制	無限制

附錄 關西市內實用通票

	JR關西地區鐵路周遊券 Kansai Area Pass	JR關西迷你鐵路周遊券 Kansai Mini Pass	大阪地鐵一日券 エンジョイエコカード
使用區間	**西日本JR電車：**京都、大阪、神戶、姬路、奈良、滋賀指定區間 **西日本JR巴士：**京都市內路線 **京都市營地鐵全線**（僅一日） **京阪電車：**石清水八幡宮～出町柳站、宇治線、石清水八幡宮參道纜車（僅一日） **阪急電車：**京都線（僅一日）	**西日本JR電車：**京都、大阪、神戶、奈良指定區間	**Osaka Metro全線** **大阪City Bus全線**
價格	1天¥2800 2天¥4800 3天¥5800 4天¥7000 *兒童票(6-11歲)為半價	大人¥3000 兒童¥1500	大人平日¥820 大人周末假日¥620 兒童¥310
有效時間	指定日期起連續1~4日	1日	1日
使用需知	◎周遊券內含JR周遊券一張，以及以下三張票券的兌換券：京阪電車-京都觀光一日券、京都市營地鐵一日券、阪急電車京都線一日券。 ◎兌換券須在周遊券有效期間內，至指定地點兌換後才可使用。 ◎JR普通、快速、新快速列車皆可搭乘，特急列車則僅可搭乘HARUKA，可免費指定HARUKA座位2次。 ◎不含指定席、特急券，若要搭乘需另外購票。	◎JR普通、快速、新快速列車皆可搭乘。 ◎不含指定席、特急券，若要搭乘需另外購票。	◎可提前購票，初次使用時，會在背面印上日期。 ◎無法搭乘IKEA鶴浜巴士以及開往環球影城的巴士。 ◎使用期間憑票券可享大阪市內約30處的觀光設施優惠。
售票處	可於台灣代理店或JR西日本官網預訂，到日本後，至指定車站綠色售票機或觀光服務處兌換。 **日本境內可於：**京都/關西機場的JTB關西旅遊訊息服務中心、日本旅行TiS京都店/西日本國際旅行店/大阪店/新大阪店購買。	於台灣代理店預訂，到日本後，至指定車站綠色售票機或觀光服務處兌換。	Osaka Metro各站售票機、定期券販賣處
購買身分	持短期停留簽證的外國旅客，兌換票券需出示護照。	持短期停留簽證的外國旅客，兌換票券需出示護照。	無限制

京阪+Osaka Metro觀光乘車券 KYOTO-OSAKA SIGHTSEEING PASS 1day (Osaka Metro)	京都大阪觀光券 KYOTO-OSAKA SIGHTSEEING PASS	京都地鐵1日券 京都地下鉄1日券	京都地下鐵巴士一日券 京都地下鉄・バス1日券
京阪電車全線（含石清水八幡宮参道纜車，大津線除外） **Osaka Metro全線** **大阪City Bus全線**	**京阪電車全線**（含石清水八幡宮参道纜車，大津線除外）	**京都市營地鐵全線**	**京都市營地鐵全線** **京都市巴士**（含觀光特急巴士） **京都巴士**（指定區間） **京阪巴士**（指定區間） **西日本JR巴士**（指定區間）
國外販售￥1400 日本國內￥1500	國外販售1日券￥1000 日本國內1日券￥1100 國外販售2日券￥1500 日本國內2日券￥1600	大人￥800 兒童￥400	大人￥1100 兒童￥550
1日	連續1~2日	1日	1日
◎每年4/1~隔年3/31購買的票券使用期限至隔年4/30前。 ◎乘坐指定席車廂Premium Car須另行付費。 ◎使用期間憑票券可享京阪電車沿線的設施或店家優惠。		◎於自動販賣機購買的票券限購買當日有效。 ◎於車站窗口可提前購票，初次使用時，會在背面印上日期。 ◎使用期間憑票券可享沿線的設施優惠。	◎若初次使用是在市巴士、京都巴士，要在繳費箱上的讀卡機插入票券，讓票面背面印上使用日期。 ◎若初次使用是在京阪巴士、西日本JR巴士，請在正面以油性筆寫上使用日期。 ◎搭乘上車處有整理券的巴士時，上下車都要將票券插入讀卡機。 ◎使用期間憑票券可享沿線約60處的設施優惠。
可以在台灣代理店內購買，至日本後再持QR Code換車票。 **日本境內可於：**關西國際機場第1航廈關西旅遊資訊服務中心、京都關西旅遊資訊服務中心、京阪電車三条、京橋、天滿橋、北浜、淀屋橋站、Osaka Metro新大阪、梅田、天王寺、四橋線難波站購買。	可以在台灣代理店內購買，至日本後再持QR Code換車票。 **日本境內可於：**關西國際機場第1航廈關西旅遊資訊服務中心、京都關西旅遊資訊服務中心、京阪電車三条、京橋、天滿橋、北浜、淀屋橋站購買。	京都市營地鐵各站窗口、自動售票機、京都市巴士．地鐵案內所、定期券販賣處	京都市營地鐵各站、定期券販賣處、京都市巴士營業所、巴士車內（可能有售完狀況）、京都市巴士．地鐵案內所、京都綜合觀光案內所、京都關西旅遊資訊服務中心、日本旅行TiS京都店
持短期停留簽證的外國旅客，兌換票券需出示護照。	持短期停留簽證的外國旅客，兌換票券需出示護照。	無限制	無限制

附錄 景點地圖

了解景點之間相對位置，讓行程更順暢！
知名景點、店家一併列出，多種選擇任你挑！

D
E
F
G
↑往長堀橋駅
道頓堀川
びっくりドンキー
大阪王將道頓崛本店
一蘭
H&M
唐吉訶德
あっちち本舗
とんぼりリバークルーズ乗船処
戎橋
今井
浮世小路
かに道楽
十八番
たこ八
千房
ぐりこ・や
金龍ラーメン
食倒太郎
本家大たこ
藏壽司
道頓堀店
TSUTAYA
神座
たこ昌
大阪
松竹座
純喫茶アメリン
美津の
一蘭 道頓堀店
別館
ざうお
相合橋筋
堺筋
かつ丼 ちよ松
いちびり庵
とんべえ
Alcyon
法善寺横丁
戎橋商店街
喝鈍
DAISO
法善寺
Indian
Curry
夫婦善哉
namBa HIPS
上方浮世繪館
おかる
丸福咖啡
Creperie Alcyon
玉製家
国立文楽劇場
阿拉比亞咖啡
地下鉄千日前線
千日前通
日本橋駅
往谷町九丁目駅→
蟹しぐれ なんば店
Namba Walk(地下街)
近鉄難波線
近鉄日本橋駅
Bic Camera
蓬萊
蓬萊551
千日前中央通
自由軒
重亭
高橋食品
伊吹咖啡
りくろーおじ
さんの店
太政
オーエスドラッグ
北極
なんば オリエンタル ホテル
黒門中川
SUPER HOTEL
千成屋
三都屋
黒門市場
福太郎
治兵衛
虎目横丁
浜藤
黒門川ひろ
よしや
なんば南海通
たこ焼道楽わかな
pane pane
Green Beans Parlor
たこ焼き座
玉五郎
石橋食品
よしもと開運
健康幸福百貨店
なんばグランド花月
U-ARTS
肉は神戸屋
地下鉄堺筋線
B2F~2F無印良品
3、4F LOFT
業務スーパー
5、6F TOWER
RECORDS
花月堂
スイスホテル南海大阪
黒門公園
千とせ
千日前道具屋筋商店街
GOODIES
京屋
海千山千番長
千田
NAMBA CITY
パークス通
なんさん通
南海難波駅
MIMARU大阪
難波STATION
日本橋履物問屋街
高島屋東別館(史料館)
一芳亭本店
南海本線
南海高野線
日本橋電気街
ちょいめし あさチャン
N
NAMBA PARKS
↓往新今宮駅
往やかん亭さくら総本店↓
往恵美須町駅↓
↓往ヒーロー玩具研究所
1
2
3
4
5
6

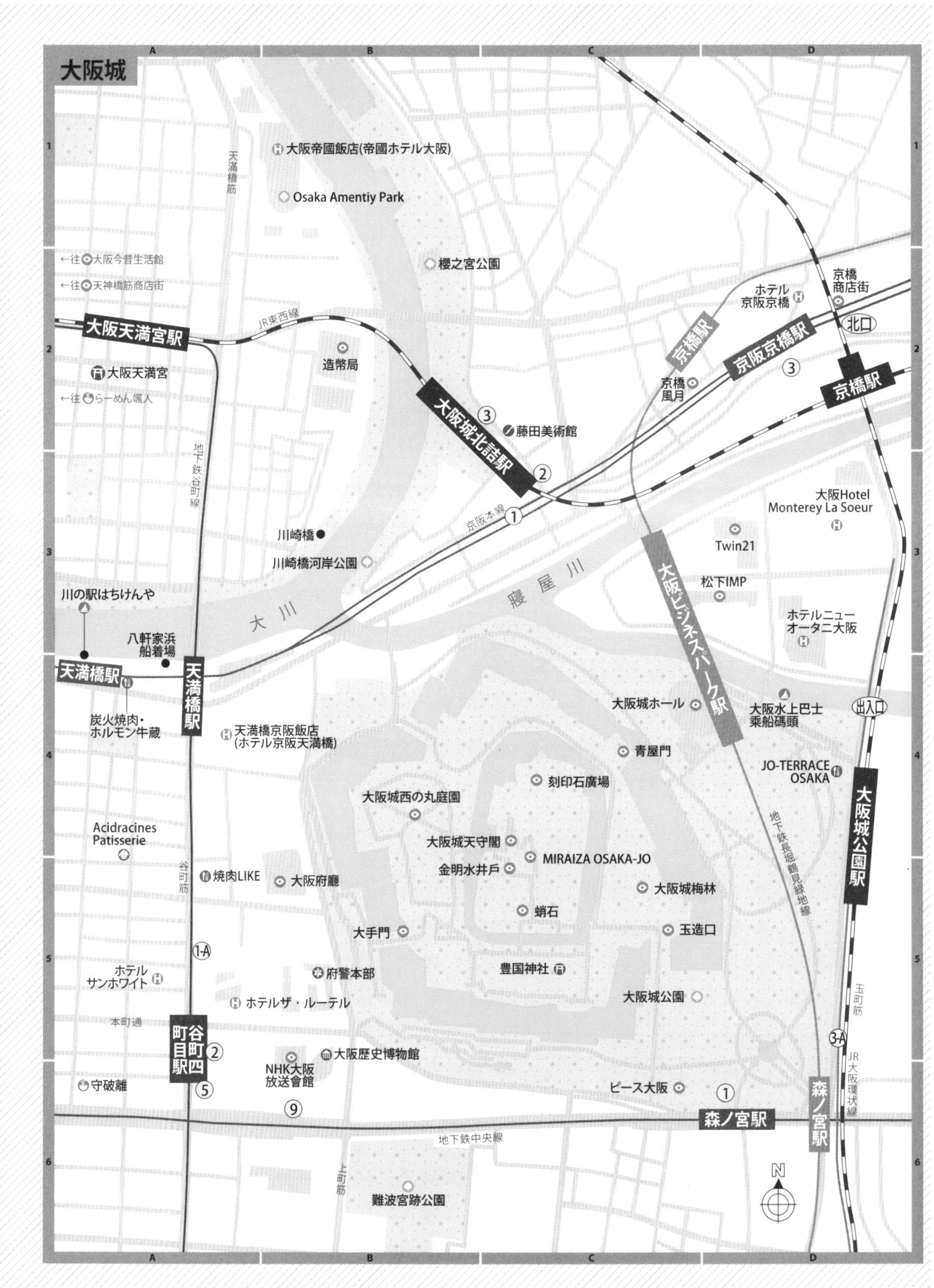
大阪城
大阪帝國飯店(帝國ホテル大阪)
Osaka Amentiy Park
天満橋筋
←往 大阪今昔生活館
←往 天神橋筋商店街
櫻之宮公園
大阪天満宮駅
JR東西線
造幣局
大阪天満宮
←往 らーめん颯人
大阪城北詰駅
藤田美術館
地下鉄谷町線
京阪本線
川崎橋
川崎橋河岸公園
川の駅はちけんや
大川
寝屋川
八軒家浜船着場
天満橋駅
天満橋駅
炭火焼肉・ホルモン牛蔵
天満橋京阪飯店(ホテル京阪天満橋)
京橋商店街
ホテル京阪京橋
北口
京橋駅
京阪京橋駅
京橋風月
京橋駅
大阪Hotel Monterey La Soeur
Twin21
松下IMP
大阪ビジネスパーク駅
ホテルニューオータニ大阪
大阪城ホール
大阪水上巴士乘船碼頭
出入口
青屋門
JO-TERRACE OSAKA
刻印石廣場
大阪城公園駅
大阪城西の丸庭園
Acidracines Patisserie
大阪城天守閣
MIRAIZA OSAKA-JO
金明水井戸
谷町筋
焼肉LIKE
大阪府廳
大阪城梅林
地下鉄長堀鶴見緑地線
蛸石
大手門
玉造口
ホテルサンホワイト
府警本部
豊国神社
大阪城公園
玉町筋
ホテルザ・ルーテル
本町通
谷町四丁目駅
大阪歴史博物館
NHK大阪放送會館
守破離
ピース大阪
JR大阪環状線
森ノ宮駅
森ノ宮駅
地下鉄中央線
上町筋
難波宮跡公園

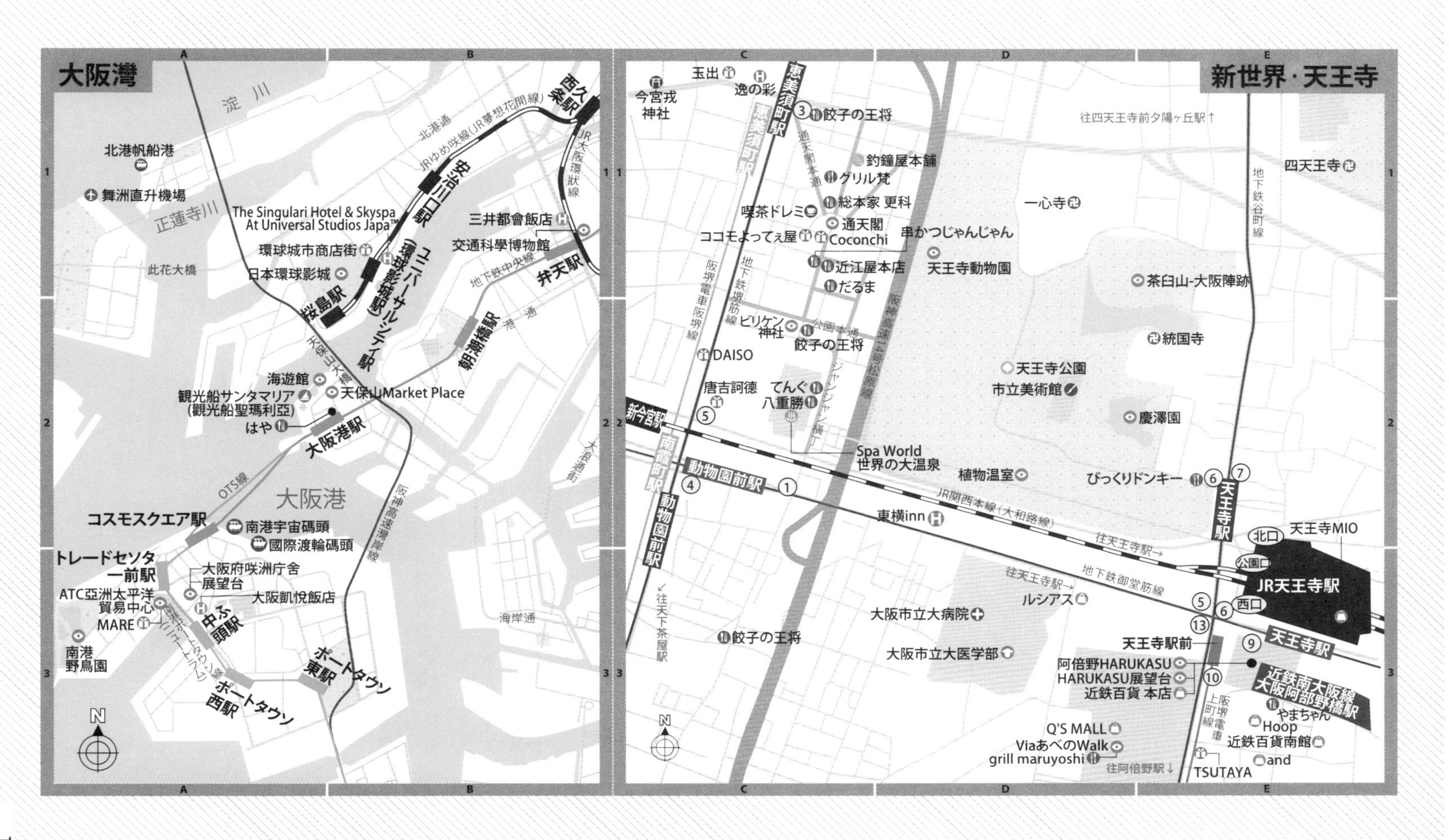

大阪灣
淀川
北港通
北港帆船港
舞洲直升機場
正蓮寺川
此花大橋
JRゆめ咲線（JR夢想花開線）
The Singulari Hotel & Skyspa At Universal Studios Japa™
環球城市商店街
日本環球影城
桜島駅
ユニバーサルシティ駅（環球影城駅）
安治川口駅
西九条駅
JR大阪環狀線
三井都會飯店
交通科學博物館
地下鉄中央線
弁天町駅
朝潮橋駅
港通
天保山大橋
海遊館
天保山Market Place
観光船サンタマリア（觀光船聖瑪利亞）
はや
大阪港駅
OTS線
大阪港
阪神高速灣岸線
大浪通街
海岸通
コスモスクエア駅
南港宇宙碼頭
國際渡輪碼頭
トレードセンター前駅
大阪府咲洲庁舍展望台
大阪凱悅飯店
ATC亞洲太平洋貿易中心
MARE
中ふ頭駅
南港野鳥園
ポートタウン東駅
ポートタウン西駅
新世界・天王寺
今宮戎神社
玉出
逸の彩
恵美須町駅
餃子の王将
通天閣本通
釣鐘屋本舗
グリル梵
総本家 更科
喫茶ドレミ
通天閣
ココモよってぇ屋
Coconchi
串かつじゃんじゃん
近江屋本店
天王寺動物園
だるま
阪堺電車阪堺線
地下鉄堺筋線
ビリケン神社
公園本通
餃子の王将
阪神高速14号松原線
DAISO
唐吉訶德
てんぐ
八重勝
ジャンジャン横丁
新今宮駅
Spa World 世界の大温泉
南霞町駅
動物園前駅
往天下茶屋駅
東横inn
JR関西本線（大和路線）
餃子の王将
往四天王寺前夕陽ヶ丘駅↑
四天王寺
地下鉄谷町線
一心寺
茶臼山-大阪陣跡
統国寺
天王寺公園
市立美術館
慶澤園
植物温室
びっくりドンキー
天王寺駅
天王寺MIO
北口
公園口
JR天王寺駅
西口
往天王寺駅→
地下鉄御堂筋線
ルシアス
大阪市立大病院
大阪市立大医学部
天王寺駅前
天王寺駅
阿倍野HARUKASU
HARUKASU展望台
近鉄百貨 本店
近鉄南大阪線 大阪阿部野橋駅
阪堺電車上町線
やまちゃん
Hoop
近鉄百貨南館
and
TSUTAYA
Q'S MALL
ViaあべのWalk
grill maruyoshi
往阿倍野駅↓

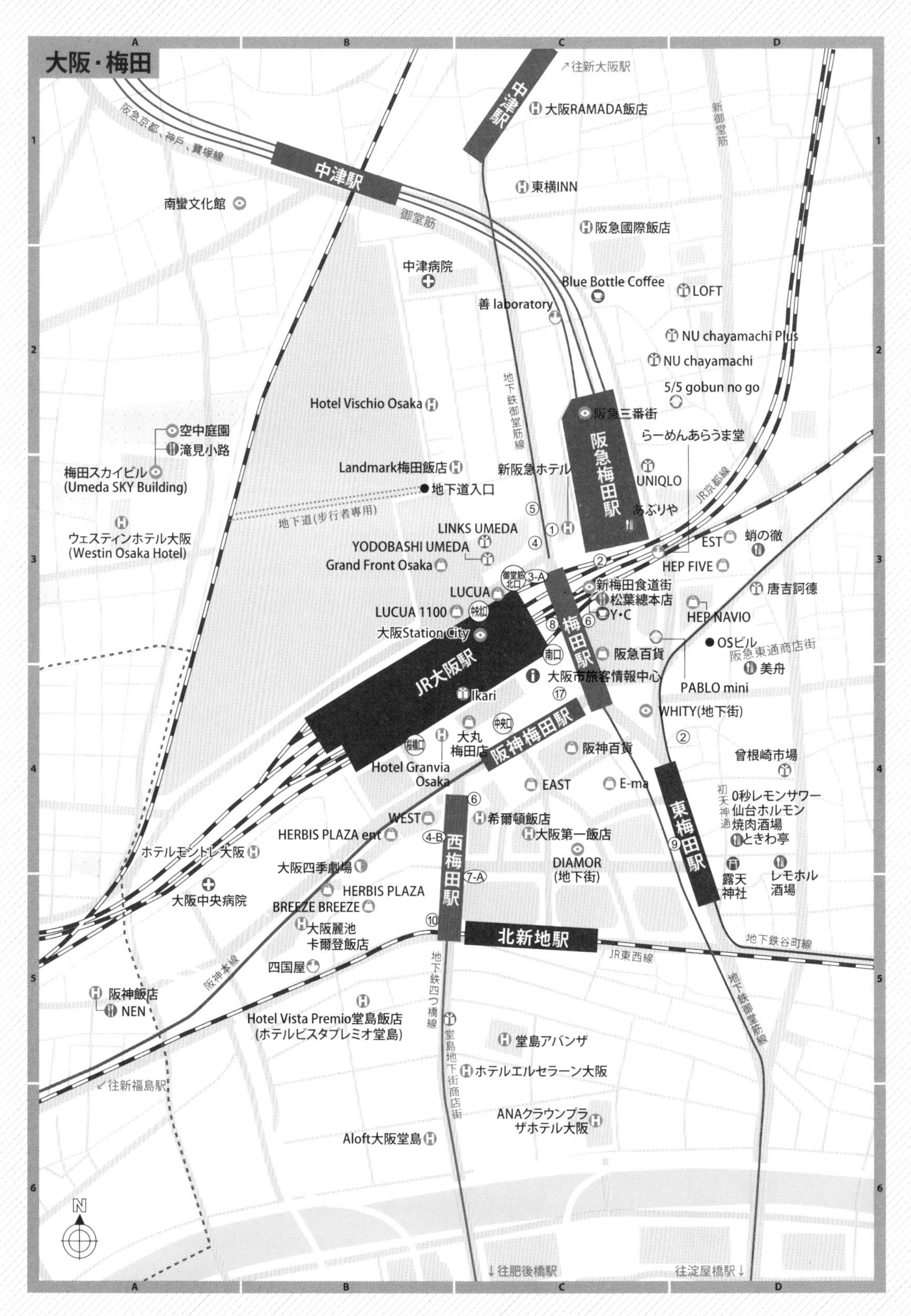

大阪・梅田
A
B
C
D
1
2
3
4
5
6
↗往新大阪駅
中津駅
大阪RAMADA飯店
阪急京都、神戸、寶塚線
新御堂筋
中津駅
東横INN
南蠻文化館
御堂筋
阪急國際飯店
中津病院
Blue Bottle Coffee
LOFT
善 laboratory
NU chayamachi Plus
NU chayamachi
地下鉄御堂筋線
5/5 gobun no go
Hotel Vischio Osaka
阪急三番街
阪急梅田駅
らーめんあらうま堂
空中庭園
滝見小路
梅田スカイビル
(Umeda SKY Building)
Landmark梅田飯店
新阪急ホテル
UNIQLO
地下道入口
JR京都線
地下道(歩行者專用)
あぶりや
ウェスティンホテル大阪
(Westin Osaka Hotel)
LINKS UMEDA
YODOBASHI UMEDA
EST
蛸の徹
Grand Front Osaka
HEP FIVE
御堂筋北口
3-A
新梅田食道街
唐吉訶德
LUCUA
松葉總本店
LUCUA 1100
中央北口
Y・C
HEP NAVIO
大阪Station City
梅田駅
OSビル
阪急東通商店街
阪急百貨
南口
美舟
JR大阪駅
大阪市旅客情報中心
PABLO mini
Ikari
WHITY(地下街)
中央口
阪神梅田駅
大丸
梅田店
桜橋口
阪神百貨
Hotel Granvia
Osaka
曾根崎市場
EAST
E-ma
初天神通
0秒レモンサワー
仙台ホルモン
焼肉酒場
ときわ亭
東梅田駅
WEST
希爾頓飯店
HERBIS PLAZA ent
4-B
大阪第一飯店
西梅田駅
ホテルモントレ大阪
DIAMOR
(地下街)
大阪四季劇場
7-A
露天
神社
レモホル
酒場
大阪中央病院
HERBIS PLAZA
BREEZE BREEZE
大阪麗池
卡爾登飯店
北新地駅
地下鉄谷町線
四国屋
JR東西線
阪神本線
地下鉄四つ橋線
阪神飯店
NEN
Hotel Vista Premio堂島飯店
(ホテルビスタプレミオ堂島)
地下鉄御堂筋線
堂島地下街商店街
堂島アバンザ
↙往新福島駅
ホテルエルセラーン大阪
ANAクラウンプラ
ザホテル大阪
Aloft大阪堂島
N
↓往肥後橋駅
往淀屋橋駅↓

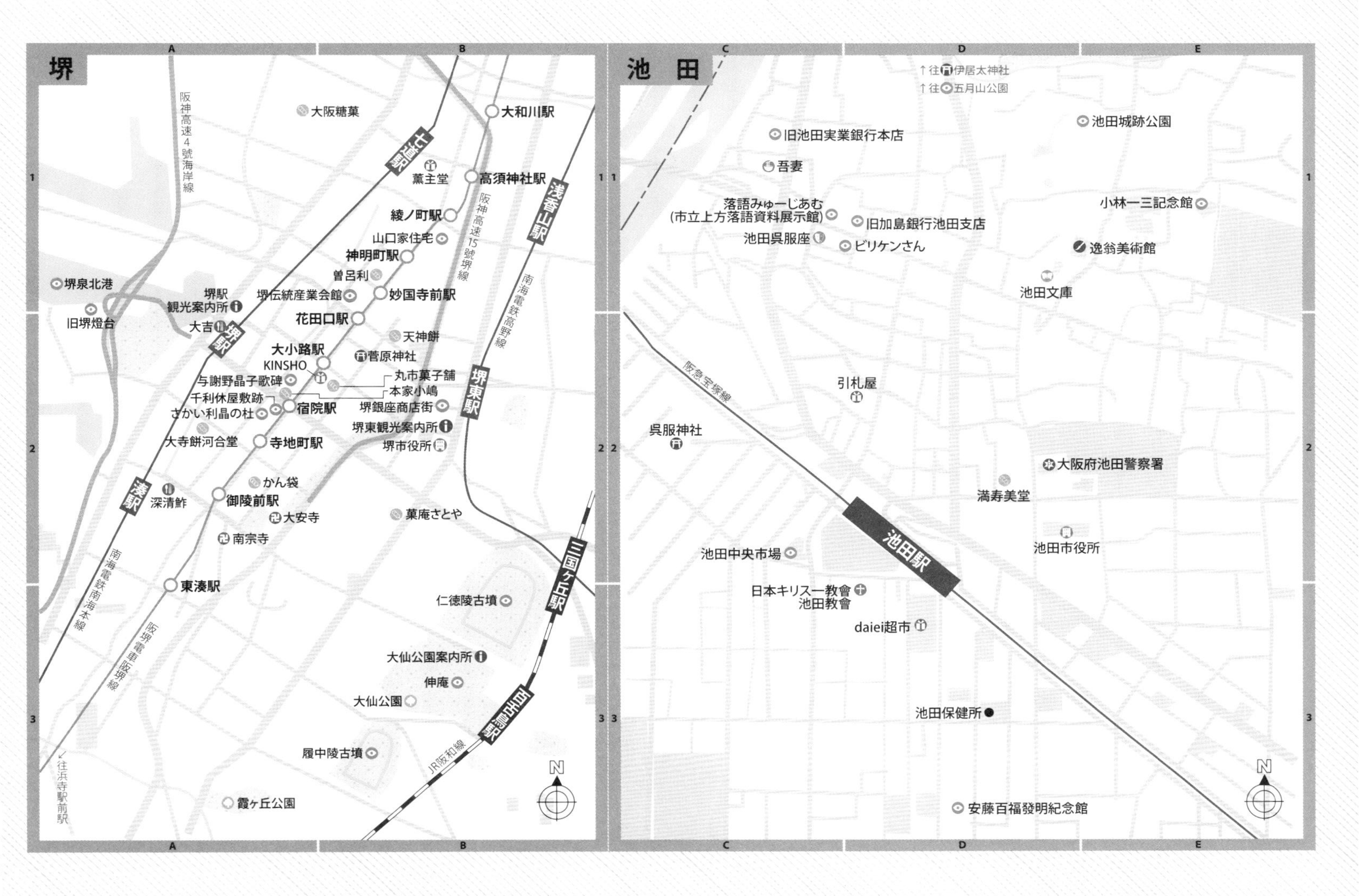

堺
大阪糖菓
大和川駅
七道駅
薫主堂
高須神社駅
浅香山駅
阪神高速4號海岸線
阪神高速15號堺線
綾ノ町駅
山口家住宅
神明町駅
曽呂利
堺伝統産業会館
妙国寺前駅
南海電鉄高野線
堺泉北港
堺駅
観光案内所
旧堺燈台
大吉
堺駅
花田口駅
天神餅
大小路駅
菅原神社
KINSHO
与謝野晶子歌碑
丸市菓子舖
本家小嶋
千利休屋敷跡
さかい利晶の杜
宿院駅
堺銀座商店街
堺東駅
堺東観光案内所
大寺餅河合堂
寺地町駅
堺市役所
湊駅
深清鮓
かん袋
御陵前駅
大安寺
菓庵さとや
南宗寺
南海電鉄南海本線
東湊駅
三国ヶ丘駅
仁徳陵古墳
阪堺電車阪堺線
大仙公園案内所
伸庵
大仙公園
履中陵古墳
百舌鳥駅
JR阪和線
往浜寺駅前駅
霞ヶ丘公園
池田
往伊居太神社
往五月山公園
池田城跡公園
旧池田実業銀行本店
吾妻
小林一三記念館
落語みゅーじあむ
(市立上方落語資料展示館)
旧加島銀行池田支店
池田呉服座
ビリケンさん
逸翁美術館
池田文庫
阪急宝塚線
引札屋
呉服神社
大阪府池田警察署
満寿美堂
池田駅
池田市役所
池田中央市場
日本キリスト教會
池田教會
daiei超市
池田保健所
安藤百福發明紀念館

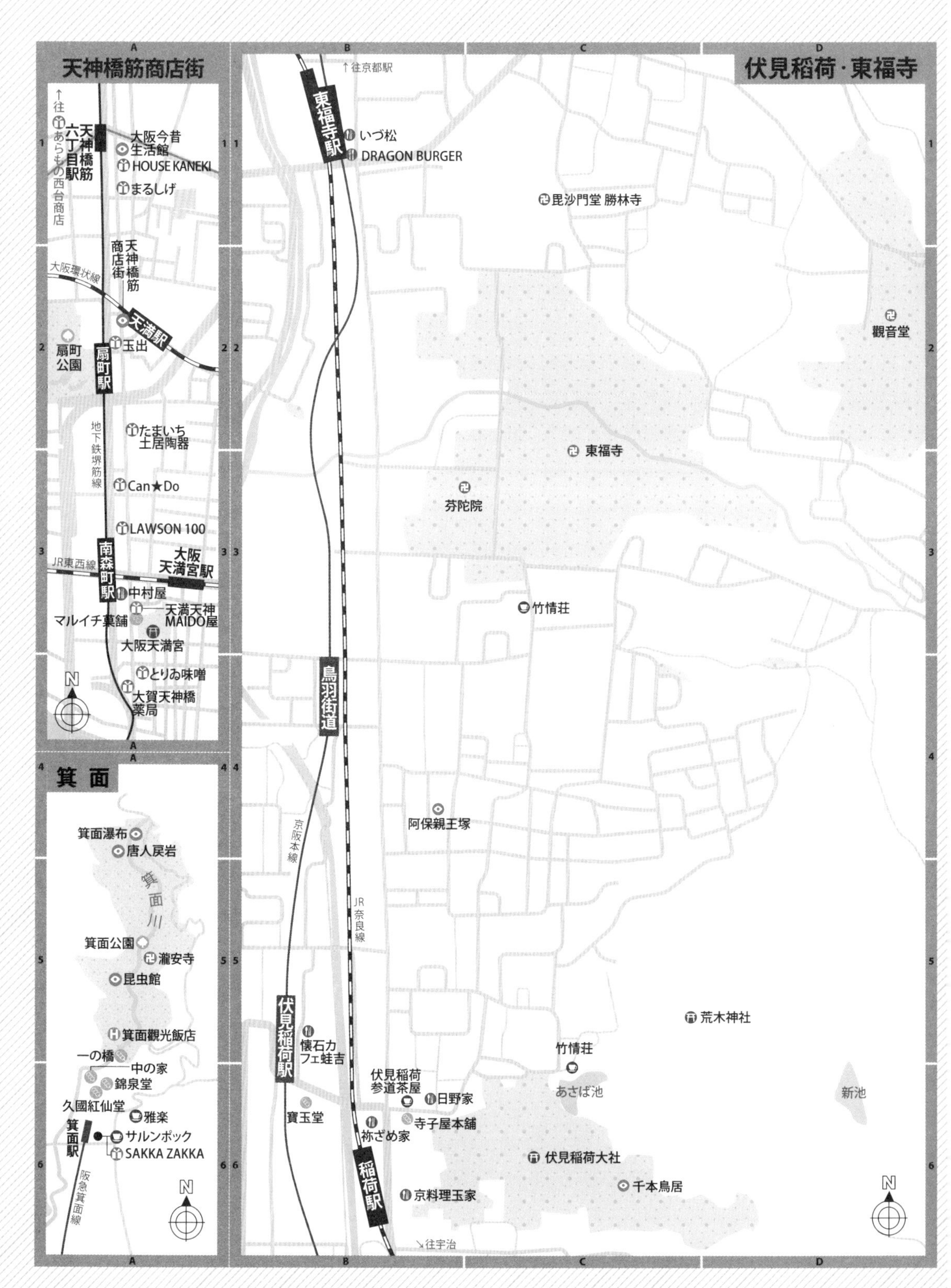
天神橋筋商店街
天神橋筋六丁目駅
大阪今昔生活館
HOUSE KANEKI
まるしげ
あらもの西台商店
天神橋筋商店街
大阪環状線
天満駅
玉出
扇町公園
扇町駅
地下鉄堺筋線
たまいち土居陶器
Can★Do
LAWSON 100
南森町駅
JR東西線
大阪天満宮駅
中村屋
天満天神MAIDO屋
マルイチ菓舗
大阪天満宮
とりゐ味噌
大賀天神橋薬局
箕面
箕面瀑布
唐人戻岩
箕面川
箕面公園
瀧安寺
昆虫館
箕面観光飯店
一の橋
中の家
錦泉堂
久國紅仙堂
雅楽
箕面駅
サルンポック
SAKKA ZAKKA
阪急箕面線
伏見稲荷·東福寺
往京都駅
東福寺駅
いづ松
DRAGON BURGER
毘沙門堂 勝林寺
觀音堂
東福寺
芬陀院
竹情荘
鳥羽街道
阿保親王塚
京阪本線
JR奈良線
荒木神社
竹情荘
あさば池
新池
伏見稲荷駅
懐石カフェ蛙吉
伏見稲荷参道茶屋
日野家
寶玉堂
寺子屋本舗
祢ざめ家
伏見稲荷大社
稲荷駅
千本鳥居
京料理玉家
往宇治
N

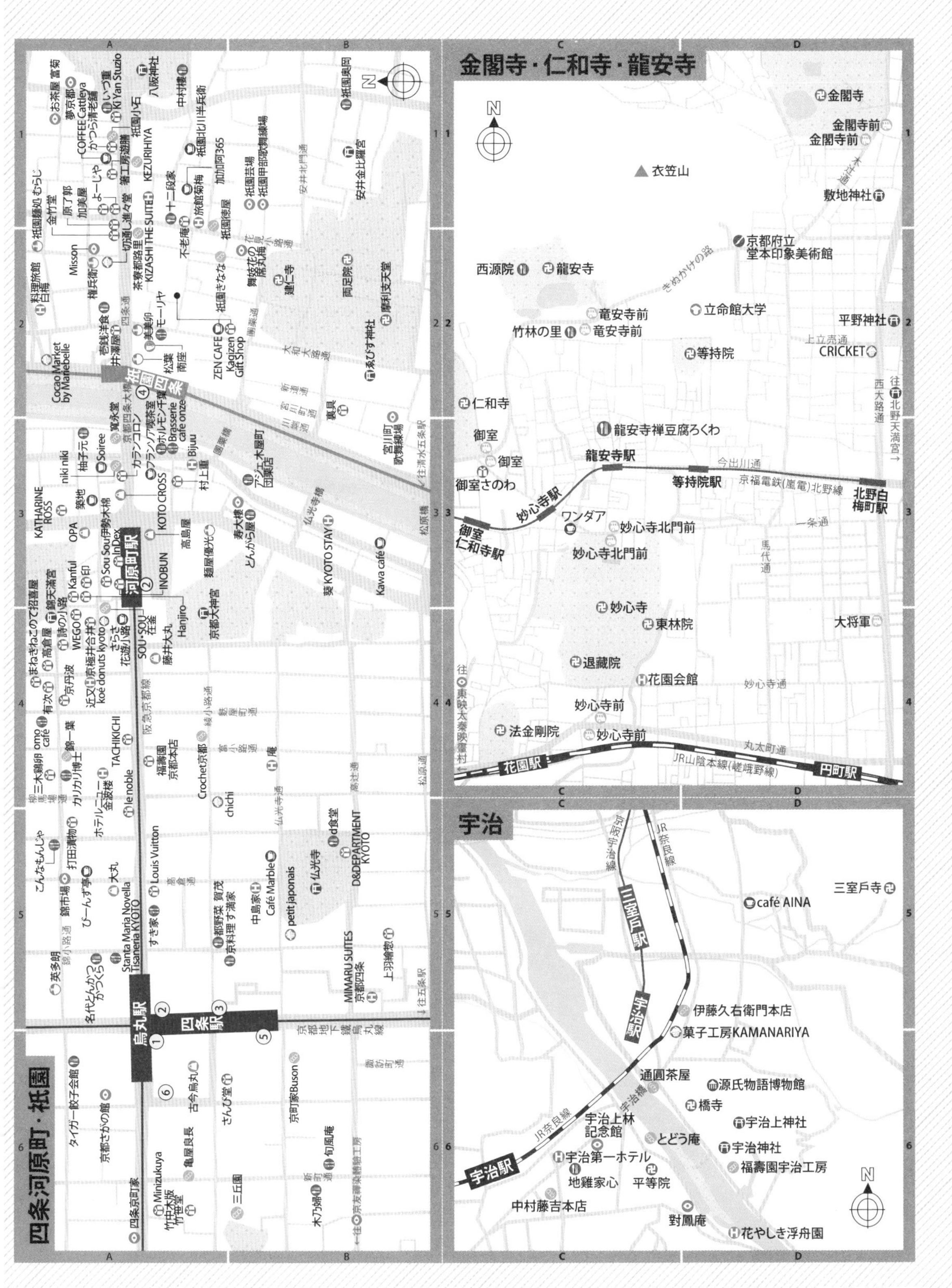

四条河原町・祇園
祇園四条
河原町駅
烏丸駅
四条駅
京都地下鉄烏丸線
金閣寺・仁和寺・龍安寺
金閣寺
金閣寺前
金閣寺前
衣笠山
敷地神社
京都府立 堂本印象美術館
きぬかけの路
西源院
龍安寺
立命館大学
竜安寺前
竹林の里
竜安寺前
平野神社
上立売通
CRICKET
等持院
仁和寺
御室
御室
御室さのわ
龍安寺禅豆腐ろくわ
龍安寺駅
今出川通
等持院駅
京福電鉄(嵐電)北野線
北野白梅町駅
妙心寺駅
御室仁和寺駅
ワンダア
妙心寺北門前
妙心寺北門前
一条通
馬代通
西大路通
妙心寺
東林院
大将軍
退蔵院
花園会館
妙心寺通
妙心寺前
法金剛院
妙心寺前
丸太町通
花園駅
JR山陰本線(嵯峨野線)
円町駅
宇治
京阪宇治線
JR奈良線
三室戸寺
café AINA
三室戸駅
宇治駅
伊藤久右衛門本店
菓子工房KAMANARIYA
通圓茶屋
宇治橋
源氏物語博物館
橋寺
宇治上神社
宇治上林記念館
とどう庵
宇治神社
宇治第一ホテル
福壽園宇治工房
宇治駅
地雞家心
平等院
中村藤吉本店
對鳳庵
花やしき浮舟園

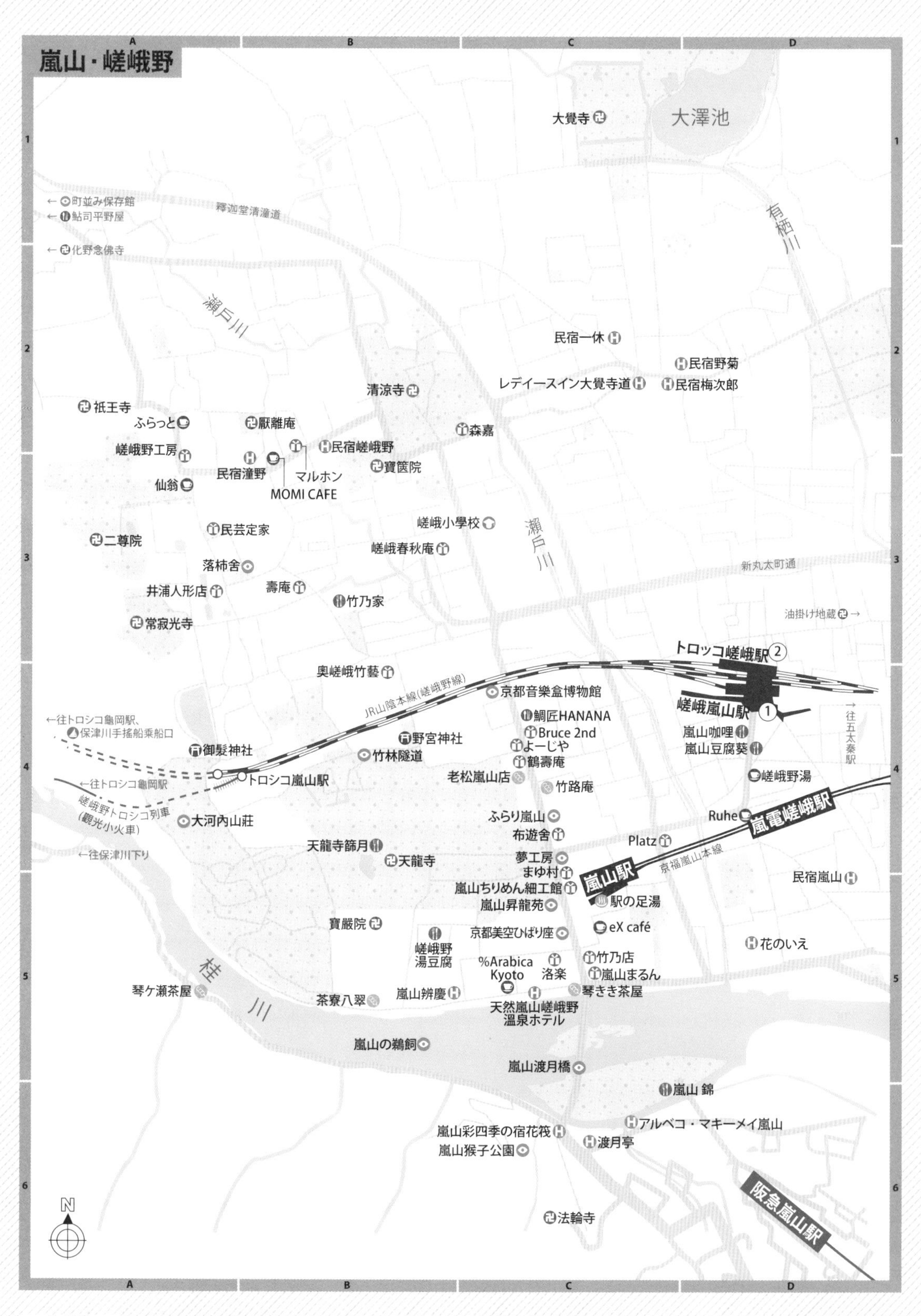

嵐山・嵯峨野
大覚寺
大澤池
町並み保存館
鮎司平野屋
化野念佛寺
釋迦堂清瀧道
有栖川
瀨戶川
民宿一休
民宿野菊
レデイースイン大覚寺道
民宿梅次郎
清涼寺
祇王寺
ふらっと
厭離庵
森嘉
民宿嵯峨野
嵯峨野工房
寶篋院
民宿瀧野
マルホン
仙翁
MOMI CAFE
嵯峨小學校
民芸定家
二尊院
嵯峨春秋庵
落柿舍
新丸太町通
井浦人形店
壽庵
竹乃家
常寂光寺
油掛け地蔵
トロッコ嵯峨駅
奥嵯峨竹藝
京都音樂盒博物館
JR山陰本線(嵯峨野線)
嵯峨嵐山駅
往トロシコ龜岡駅、
保津川手搖船乘船口
鯛匠HANANA
野宮神社
Bruce 2nd
嵐山咖哩
往五太秦駅
御髮神社
よーじや
嵐山豆腐葵
竹林隧道
鶴壽庵
トロシコ嵐山駅
老松嵐山店
嵯峨野湯
往トロシコ龜岡駅
竹路庵
嵯峨野トロシコ列車
(觀光小火車)
大河內山莊
ふらり嵐山
Ruhe
嵐電嵯峨駅
布遊舍
Platz
天龍寺篩月
往保津川下り
天龍寺
夢工房
京福嵐山本線
まゆ村
嵐山駅
民宿嵐山
嵐山ちりめん細工館
駅の足湯
嵐山昇龍苑
寶嚴院
eX café
京都美空ひばり座
花のいえ
嵯峨野
湯豆腐
%Arabica
Kyoto
洛楽
竹乃店
嵐山まるん
琴ケ瀬茶屋
桂
川
茶寮八翠
嵐山辨慶
琴きき茶屋
天然嵐山嵯峨野
溫泉ホテル
嵐山の鵜飼
嵐山渡月橋
嵐山 錦
アルベコ・マキーメイ嵐山
嵐山彩四季の宿花筏
渡月亭
嵐山猴子公園
阪急嵐山駅
法輪寺
N

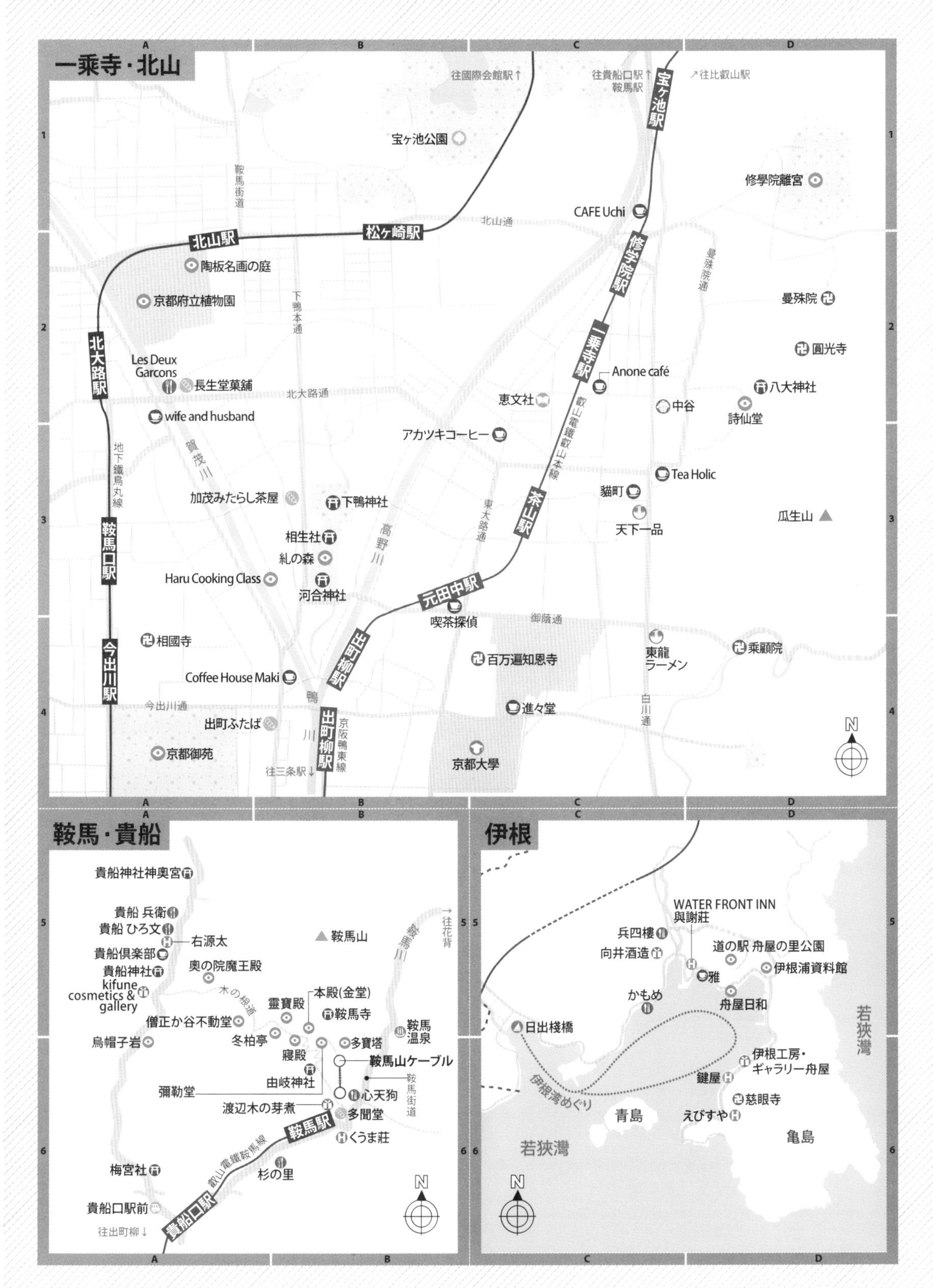
一乘寺・北山
往國際会館駅↑
往貴船口駅↑鞍馬駅
↗往比叡山駅
宝ヶ池駅
宝ヶ池公園
修學院離宮
CAFE Uchi
北山通
鞍馬街道
北山駅
松ヶ崎駅
修学院駅
陶板名画の庭
京都府立植物園
曼殊院通
曼殊院
下鴨本通
北大路駅
一乘寺駅
圓光寺
Les Deux Garcons
長生堂菓舗
北大路通
Anone café
八大神社
恵文社
中谷
詩仙堂
wife and husband
叡山電鐵叡山本線
アカツキコーヒー
地下鐵烏丸線
賀茂川
Tea Holic
猫町
加茂みたらし茶屋
下鴨神社
東大路通
天下一品
瓜生山
鞍馬口駅
茶山駅
高野川
相生社
糺の森
Haru Cooking Class
河合神社
元田中駅
喫茶探偵
御蔭通
相國寺
東龍ラーメン
乘願院
百万遍知恩寺
今出川駅
出町柳駅
Coffee House Maki
今出川通
鴨川
進々堂
白川通
出町ふたば
京阪鴨東線
京都御苑
往三条駅↓
京都大學
鞍馬・貴船
貴船神社神奥宮
貴船 兵衛
貴船 ひろ文
右源太
→往花背
鞍馬山
鞍馬川
貴船倶楽部
貴船神社
奥の院魔王殿
kifune cosmetics & gallery
木の根道
本殿(金堂)
靈寶殿
鞍馬寺
僧正か谷不動堂
鞍馬温泉
冬柏亭
烏帽子岩
多寶塔
寢殿
鞍馬山ケーブル
由岐神社
鞍馬街道
彌勒堂
心天狗
渡辺木の芽煮
多聞堂
鞍馬駅
くうま荘
叡山電鐵鞍馬線
杉の里
梅宮社
貴船口駅前
貴船口駅
往出町柳↓
伊根
WATER FRONT INN 與謝荘
兵四樓
道の駅 舟屋の里公園
向井酒造
伊根浦資料館
雅
かもめ
舟屋日和
若狭灣
日出桜橋
伊根工房・ギャラリー舟屋
伊根灣めぐり
鍵屋
慈眼寺
青島
えびすや
亀島
若狭灣

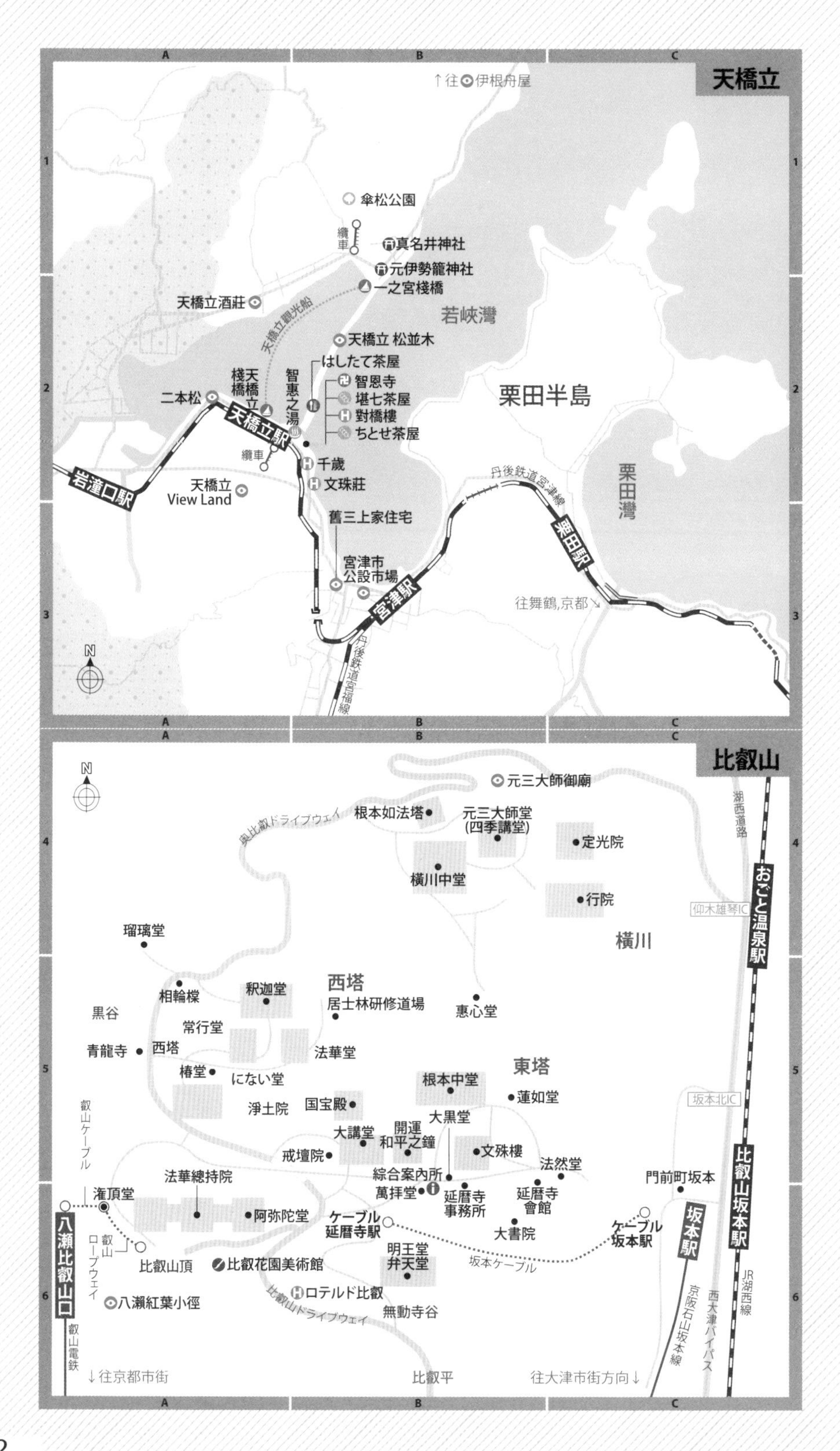
天橋立
↑往伊根舟屋
傘松公園
纜車
真名井神社
元伊勢籠神社
一之宮桟橋
天橋立酒莊
天橋立觀光船
若峽灣
天橋立 松並木
はしたて茶屋
智恩寺
堪七茶屋
對橋樓
ちとせ茶屋
智惠之湯
天橋立桟橋
二本松
天橋立駅
栗田半島
纜車
千歳
文珠荘
岩瀧口駅
天橋立 View Land
丹後鉄道宮津線
栗田灣
舊三上家住宅
栗田駅
宮津市公設市場
宮津駅
往舞鶴,京都↘
丹後鉄道宮福線
比叡山
元三大師御廟
根本如法塔
元三大師堂(四季講堂)
奥比叡ドライブウェイ
定光院
橫川中堂
行院
湖西道路
仰木雄琴IC
おごと温泉駅
瑠璃堂
橫川
西塔
相輪樘
釈迦堂
居士林研修道場
惠心堂
黒谷
常行堂
青龍寺
西塔
法華堂
東塔
椿堂
にない堂
根本中堂
蓮如堂
叡山ケーブル
淨土院
国宝殿
坂本北IC
大黒堂
大講堂
開運和平之鐘
戒壇院
文殊樓
法然堂
法華總持院
綜合案內所
門前町坂本
淹頂堂
萬拜堂
延曆寺事務所
延曆寺會館
阿弥陀堂
ケーブル延曆寺駅
大書院
ケーブル坂本駅
坂本駅
比叡山坂本駅
叡山ロープウェイ
比叡山頂
明王堂
弁天堂
坂本ケーブル
比叡花園美術館
八瀬比叡山口
ロテルド比叡
京阪石山坂本線
西大津バイパス
JR湖西線
八瀬紅葉小徑
比叡山ドライブウェイ
無動寺谷
叡山電鉄
↓往京都市街
比叡平
往大津市街方向↓

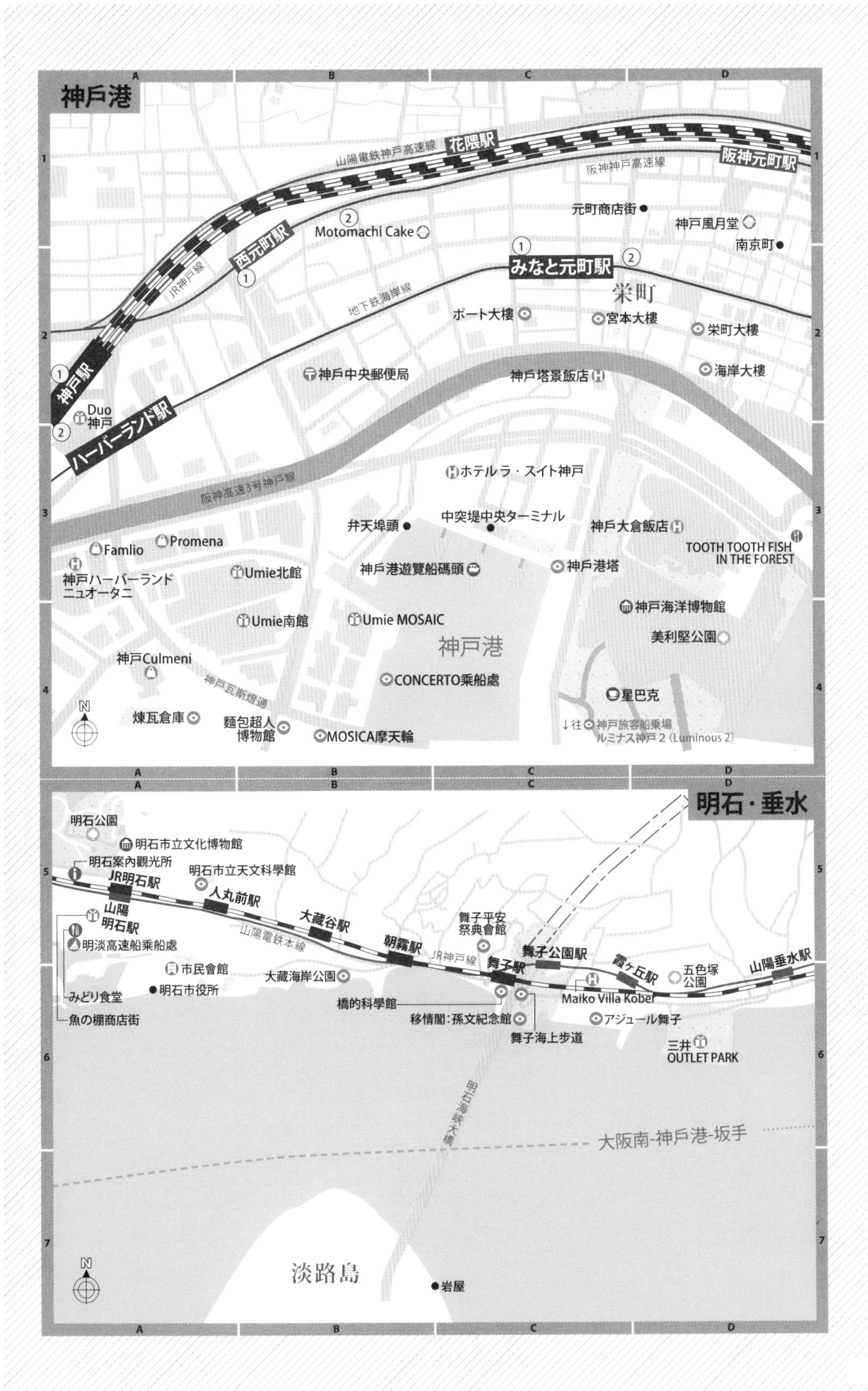

神戸港
花隈駅
阪神元町駅
山陽電鉄神戸高速線
阪神神戸高速線
元町商店街
神戸風月堂
南京町
Motomachi Cake
西元町駅
みなと元町駅
JR神戸線
地下鉄海岸線
栄町
ポート大樓
宮本大樓
栄町大樓
海岸大樓
神戸駅
神戸中央郵便局
神戸塔景飯店
Duo
神戸
ハーバーランド駅
ホテルラ・スイト神戸
阪神高速3号神戸線
弁天埠頭
中突堤中央ターミナル
神戸大倉飯店
TOOTH TOOTH FISH
IN THE FOREST
Famlio
Promena
神戸ハーバーランド
ニューオータニ
Umie北館
神戸港遊覽船碼頭
神戸港塔
Umie南館
Umie MOSAIC
神戸海洋博物館
美利堅公園
神戸港
神戸Culmeni
神戸瓦斯燈通
CONCERTO乘船處
星巴克
煉瓦倉庫
麵包超人
博物館
MOSICA摩天輪
↓往 神戸旅客船乘場
ルミナス神戸２（Luminous 2）
明石・垂水
明石公園
明石市立文化博物館
明石案內観光所
明石市立天文科學館
JR明石駅
人丸前駅
山陽
明石駅
大蔵谷駅
山陽電鉄本線
明淡高速船乘船處
朝霧駅
JR神戸線
舞子平安
祭典會館
舞子公園駅
舞子駅
霞ケ丘駅
五色塚
公園
山陽垂水駅
市民會館
大蔵海岸公園
みどり食堂
明石市役所
橋的科學館
Maiko Villa Kobe
移情閣:孫文紀念館
アジュール舞子
魚の棚商店街
舞子海上步道
三井
OUTLET PARK
明石海峡大橋
大阪南-神戸港-坂手
淡路島
岩屋

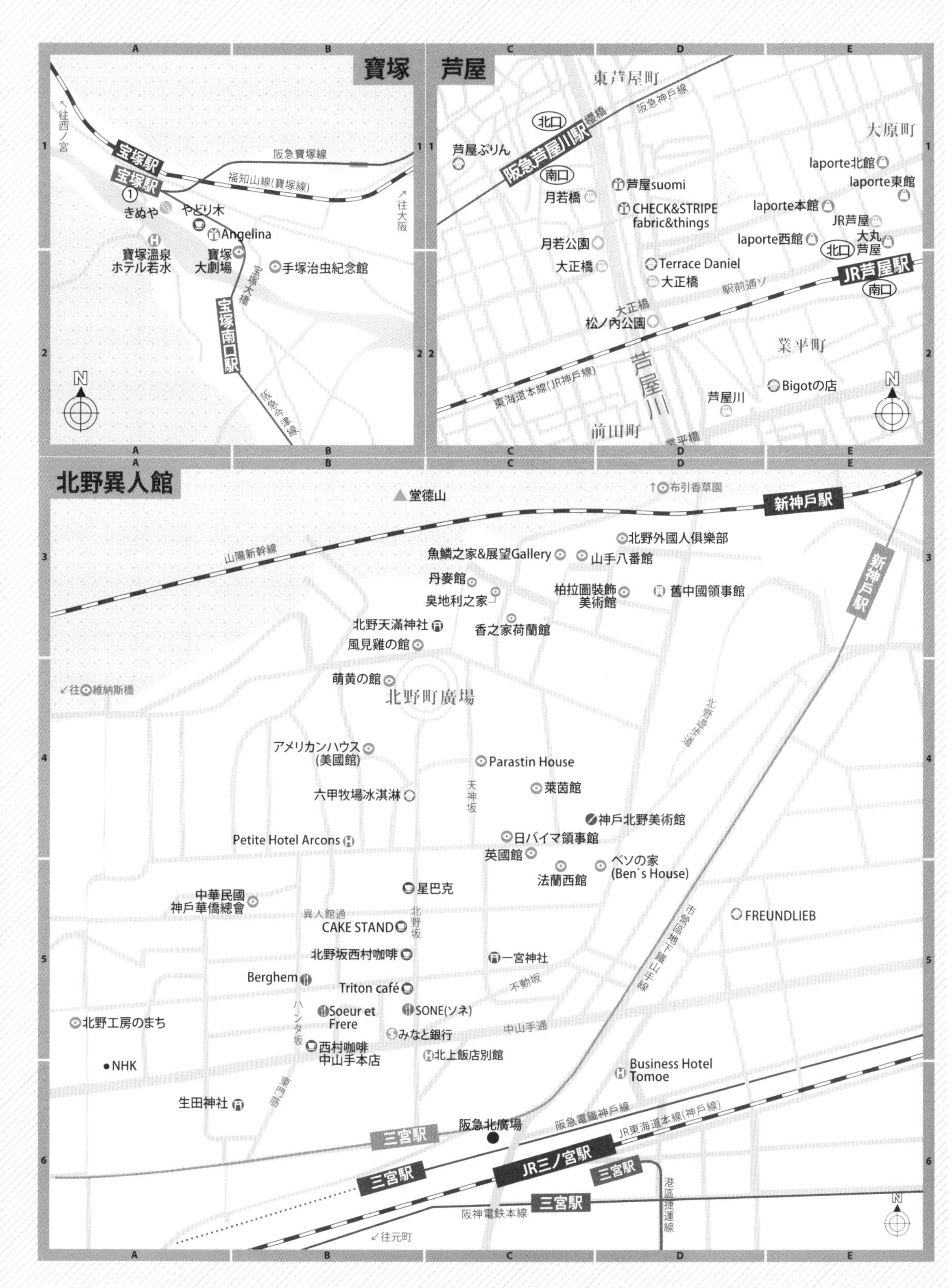
寶塚
宝塚駅
宝塚駅
阪急寶塚線
福知山線(寶塚線)
往西ノ宮
往大阪
きぬや
やどり木
Angelina
寶塚溫泉
ホテル若水
寶塚
大劇場
手塚治虫紀念館
宝塚大橋
宝塚南口駅
阪急今津線
芦屋
東芦屋町
阪急神戸線
阪急芦屋川駅
櫻橋
北口
南口
大原町
芦屋ぷりん
laporte北館
laporte東館
芦屋suomi
月若橋
CHECK&STRIPE
fabric&things
laporte本館
JR芦屋
laporte西館
大丸芦屋
月若公園
北口
大正橋
Terrace Daniel
JR芦屋駅
大正橋
駅前通り
南口
大正橋
松ノ内公園
業平町
芦屋川
東海道本線(JR神戸線)
Bigotの店
芦屋川
前田町
業平橋
北野異人館
堂德山
布引香草園
新神戸駅
北野外國人俱樂部
山陽新幹線
魚鱗之家&展望Gallery
山手八番館
丹麥館
柏拉圖裝飾美術館
舊中國領事館
臭地利之家
新神戸駅
北野天滿神社
香之家荷蘭館
風見雞の館
萌黄の館
往維納斯橋
北野町廣場
北野通
アメリカンハウス(美國館)
Parastin House
天神坂
萊茵館
六甲牧場冰淇淋
神戸北野美術館
Petite Hotel Arcons
日バイマ領事館
英國館
ベソの家
(Ben`s House)
法蘭西館
星巴克
中華民國
神戸華僑總會
異人館通
北野坂
市營區地下鐵山手線
FREUNDLIEB
CAKE STAND
北野坂西村咖啡
一宮神社
Berghem
不動坂
Triton café
ハンタ坂
Soeur et Frere
SONE(ソネ)
北野工房のまち
みなと銀行
中山手通
西村咖啡
中山手本店
北上飯店別館
NHK
Business Hotel
Tomoe
東門街
生田神社
阪急北廣場
阪急電鐵神戸線
JR東海道本線(神戸線)
三宮駅
JR三ノ宮駅
三宮駅
三宮駅
三宮駅
港區捷運線
阪神電鉄本線
往元町

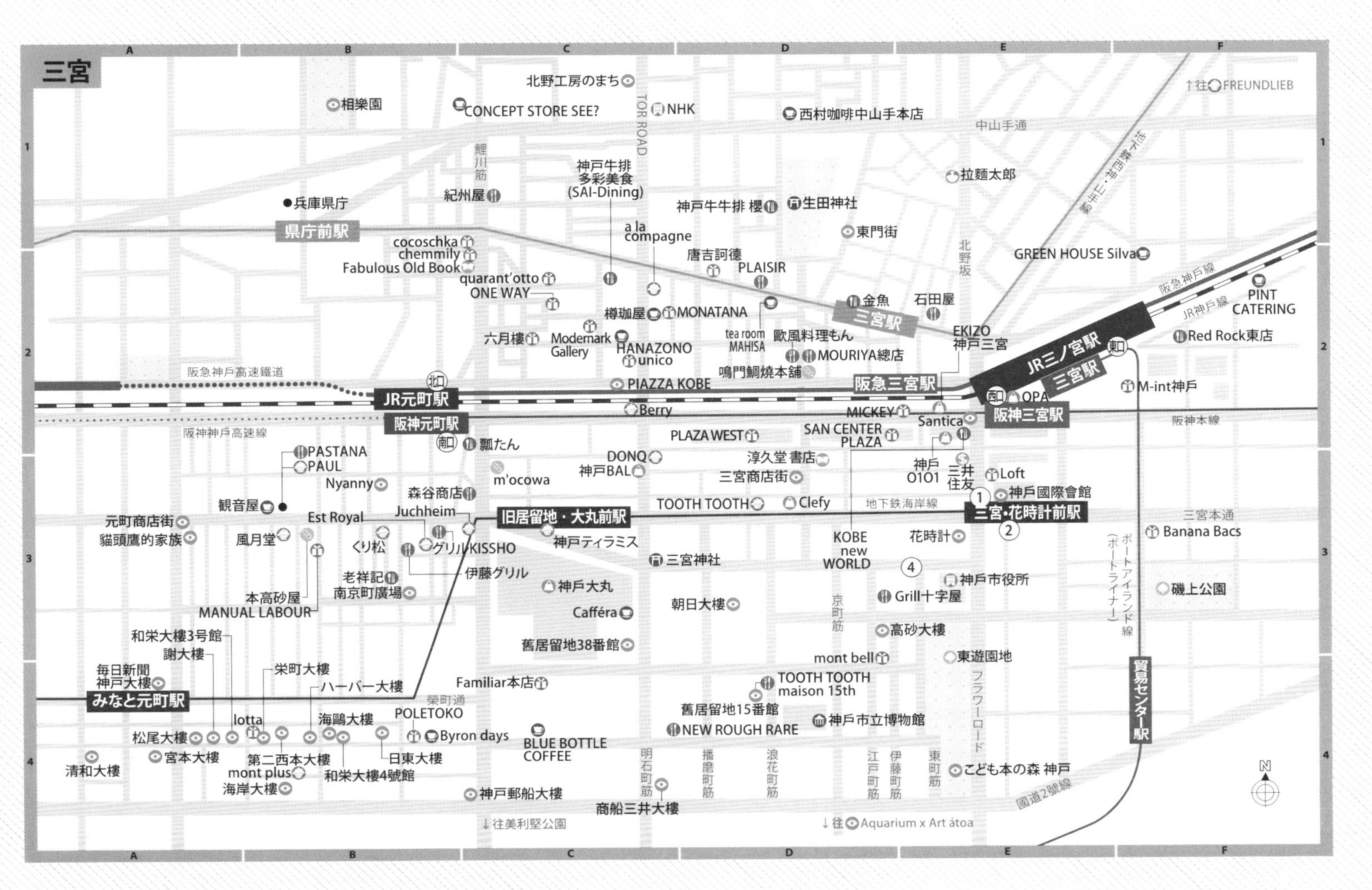

三宮
往FREUNDLIEB
相樂園
北野工房のまち
CONCEPT STORE SEE?
TOR ROAD
NHK
西村咖啡中山手本店
中山手通
地下鉄西神・山手線
拉麵太郎
鯉川筋
紀州屋
神戸牛排 多彩美食 (SAI-Dining)
兵庫県庁
神戸牛牛排 樓
生田神社
東門街
県庁前駅
cocoschka
chemmily
Fabulous Old Book
quarant'otto
ONE WAY
a la compagne
唐吉訶德
PLAISIR
北野坂
GREEN HOUSE Silva
阪急神戸線
JR神戸線
PINT CATERING
金魚
石田屋
三宮駅
樽珈屋
MONATANA
六月樓
Modernark Gallery
HANAZONO
unico
tea room MAHISA
歐風料理もん
MOURIYA總店
EKIZO 神戸三宮
JR三ノ宮駅
三宮駅
東口
Red Rock東店
阪急神戸高速鐵道
JR元町駅
西口
鳴門鯛焼本舗
PIAZZA KOBE
阪急三宮駅
OPA
M-int神戸
Berry
MICKEY
Santica
阪神三宮駅
阪神本線
阪神元町駅
阪神神戸高速線
PLAZA WEST
SAN CENTER PLAZA
東口
瓢たん
PASTANA
PAUL
DONQ
神戸BAL
淳久堂 書店
三宮商店街
神戸 0101
三井住友
Loft
Nyanny
m'ocowa
森谷商店
神戸國際會館
觀音屋
TOOTH TOOTH
Clefy
地下鉄海岸線
三宮・花時計前駅
Est Royal
Juchheim
旧居留地・大丸前駅
三宮本通
元町商店街
貓頭鷹的家族
風月堂
くり松
グリル KISSHO
神戸ティラミス
KOBE new WORLD
花時計
Banana Bacs
三宮神社
ポートアイランド線 (ポートライナー)
老祥記
南京町廣場
伊藤グリル
神戸大丸
神戸市役所
磯上公園
本高砂屋
MANUAL LABOUR
朝日大樓
京町筋
Grill十字屋
Caffèra
和栄大樓3号館
高砂大樓
舊居留地38番館
謝大樓
mont bell
東遊園地
毎日新聞 神戸大樓
栄町大樓
Familiar本店
TOOTH TOOTH maison 15th
ハーバー大樓
フラワーロード
みなと元町駅
栄町通
貿易センター駅
舊居留地15番館
lotta
海鷗大樓
POLETOKO
神戸市立博物館
NEW ROUGH RARE
松尾大樓
Byron days
BLUE BOTTLE COFFEE
宮本大樓
第二西本大樓
日東大樓
明石町筋
播磨町筋
浪花町筋
江戸町筋
伊藤町筋
東町筋
清和大樓
mont plus
和栄大樓4號館
こども本の森 神戸
海岸大樓
神戸郵船大樓
國道2號線
商船三井大樓
往美利堅公園
往Aquarium x Art átoa
N

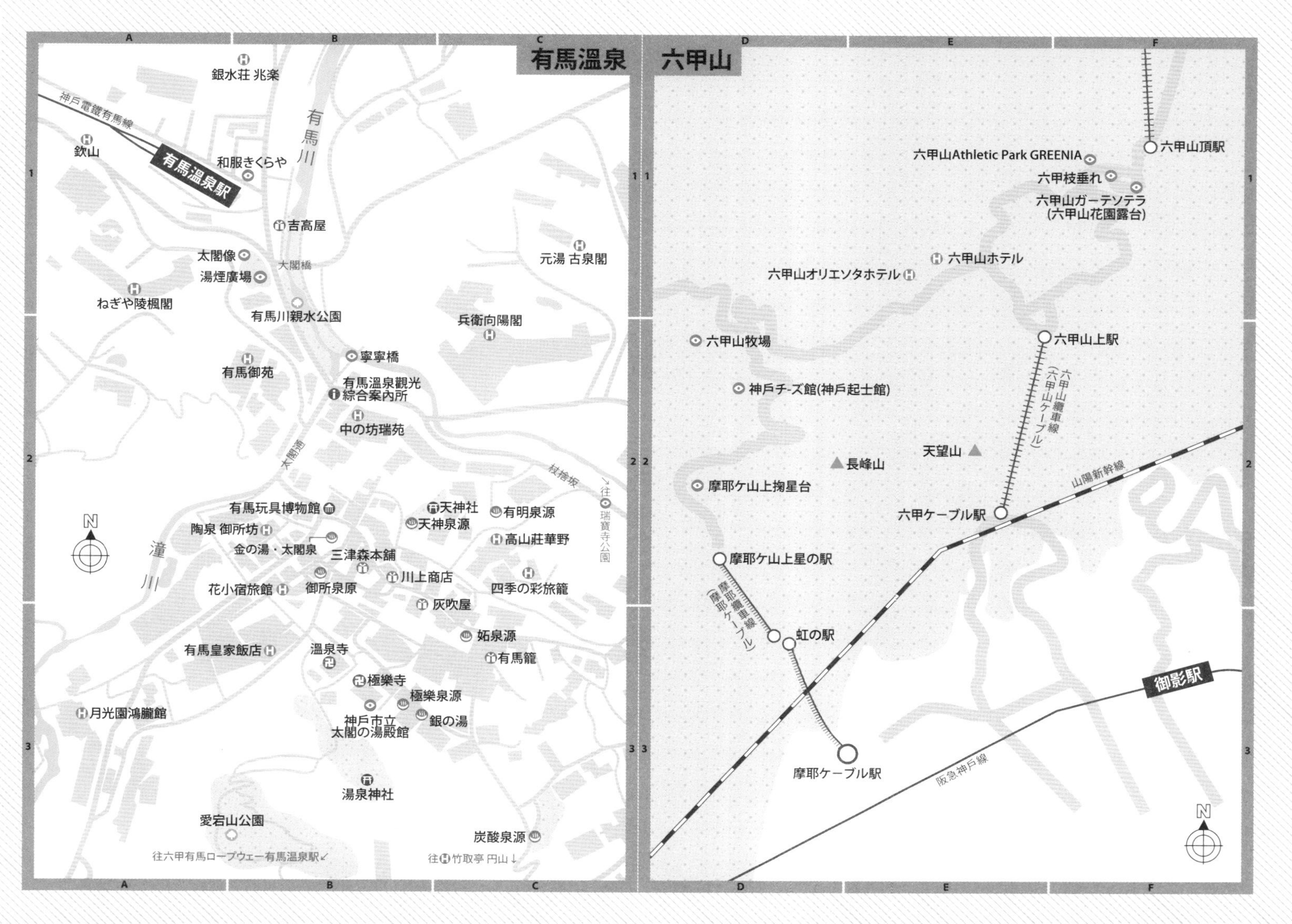

有馬溫泉
銀水荘 兆楽
神戸電鐵有馬線
欽山
有馬溫泉駅
和服きくらや
有馬川
吉高屋
太閤像
大閣橋
湯煙廣場
ねぎや陵楓閣
有馬川親水公園
元湯 古泉閣
兵衛向陽閣
寧寧橋
有馬御苑
有馬溫泉觀光
綜合案內所
中の坊瑞苑
太閤通
杖捨坂
往瑞寶寺公園
有馬玩具博物館
天神社
有明泉源
天神泉源
陶泉 御所坊
金の湯・太閤泉
三津森本舗
高山荘華野
瀧川
川上商店
四季の彩旅籠
花小宿旅館
御所泉原
灰吹屋
妬泉源
有馬皇家飯店
溫泉寺
有馬籠
極樂寺
極樂泉源
月光園鴻朧館
神戸市立
太閣の湯殿館
銀の湯
湯泉神社
愛宕山公園
炭酸泉源
往六甲有馬ロープウェー有馬溫泉駅
往竹取亭 円山
六甲山
六甲山頂駅
六甲山Athletic Park GREENIA
六甲枝垂れ
六甲山ガーデンテラ
(六甲山花園露台)
六甲山ホテル
六甲山オリエンタホテル
六甲山上駅
六甲山牧場
神戸チ-ズ館(神戸起士館)
六甲山纜車線
(六甲山ケーブル)
天望山
長峰山
山陽新幹線
摩耶ケ山上掬星台
六甲ケーブル駅
摩耶ケ山上星の駅
摩耶纜車線
(摩耶ケーブル)
虹の駅
御影駅
摩耶ケーブル駅
阪急神戸線

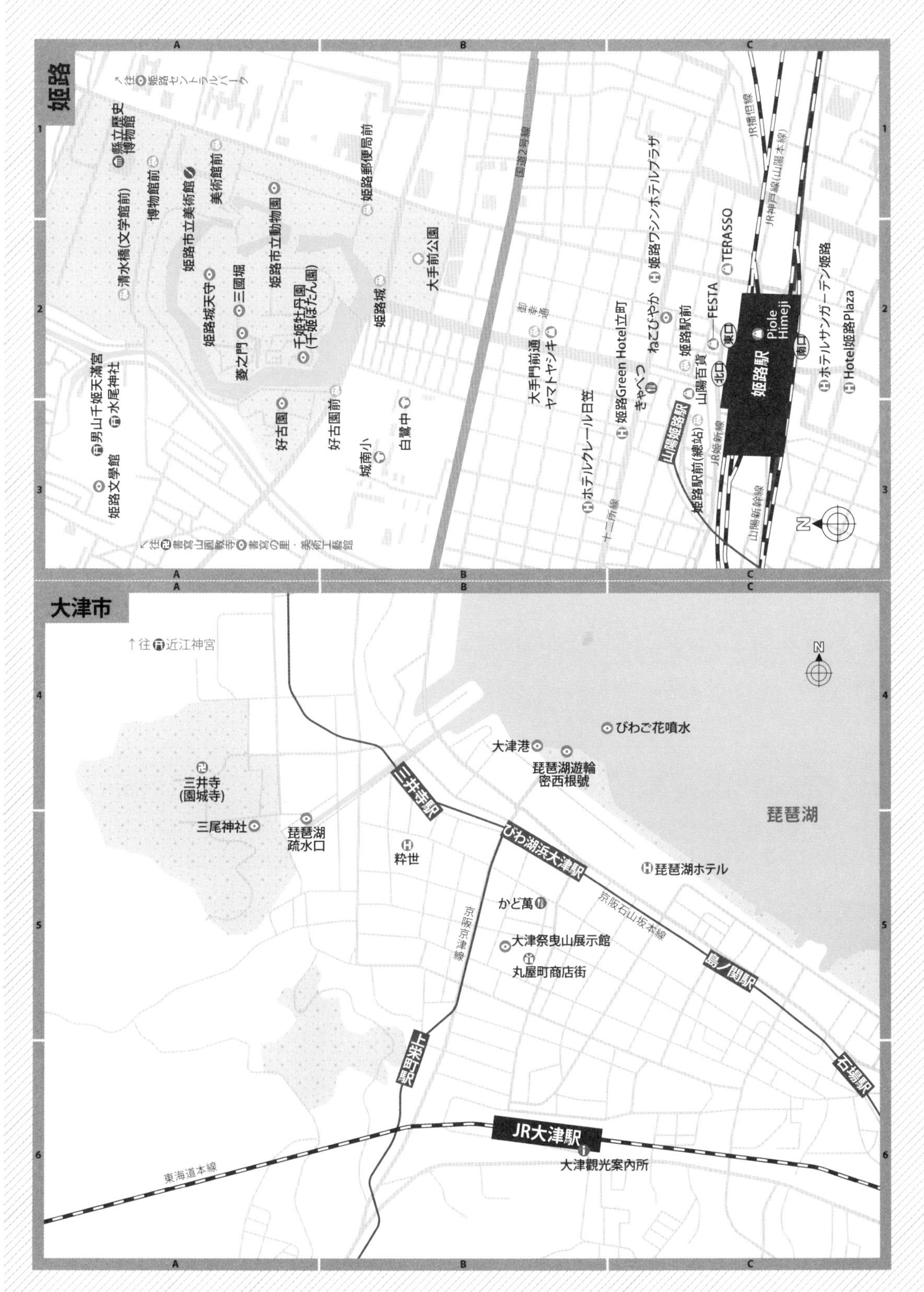

姫路
姫路セントラルパーク
縣立歷史博物館
清水橋(文学館前)
博物館前
姫路市立美術館
美術館前
姫路城天守
三國堀
姫路市立動物園
菱之門
千姫牡丹園
(千姫ぼたん園)
姫路郵便局前
大手前公園
姫路城
好古園
好古園前
男山千姫天満宮
水尾神社
姫路文學館
城南小
白鷺中
書寫山圓教寺
書寫の里・美術工藝館
國道2号線
御幸通
大手門前通
ヤマトヤシキ
ホテルクレール日笠
姫路Green Hotel立町
きゃべつ
ねこびやか
姫路ワシントンホテルプラザ
姫路駅前
山陽百貨
FESTA
TERASSO
山陽姫路駅
姫路駅前(總站)
JR姫新線
十二所線
山陽新幹線
姫路駅
北口
東口
南口
Piole Himeji
ホテルサンガーデン姫路
Hotel姫路Plaza
JR播但線
JR神戸線(山陽本線)
大津市
往 近江神宮
三井寺
(園城寺)
三尾神社
琵琶湖
疏水口
三井寺駅
大津港
びわこ花噴水
琵琶湖遊輪
密西根號
琵琶湖
びわ湖浜大津駅
粋世
琵琶湖ホテル
かど萬
京阪石山坂本線
京阪京津線
大津祭曳山展示館
丸屋町商店街
島ノ関駅
上栄町駅
石場駅
JR大津駅
大津観光案内所
東海道本線

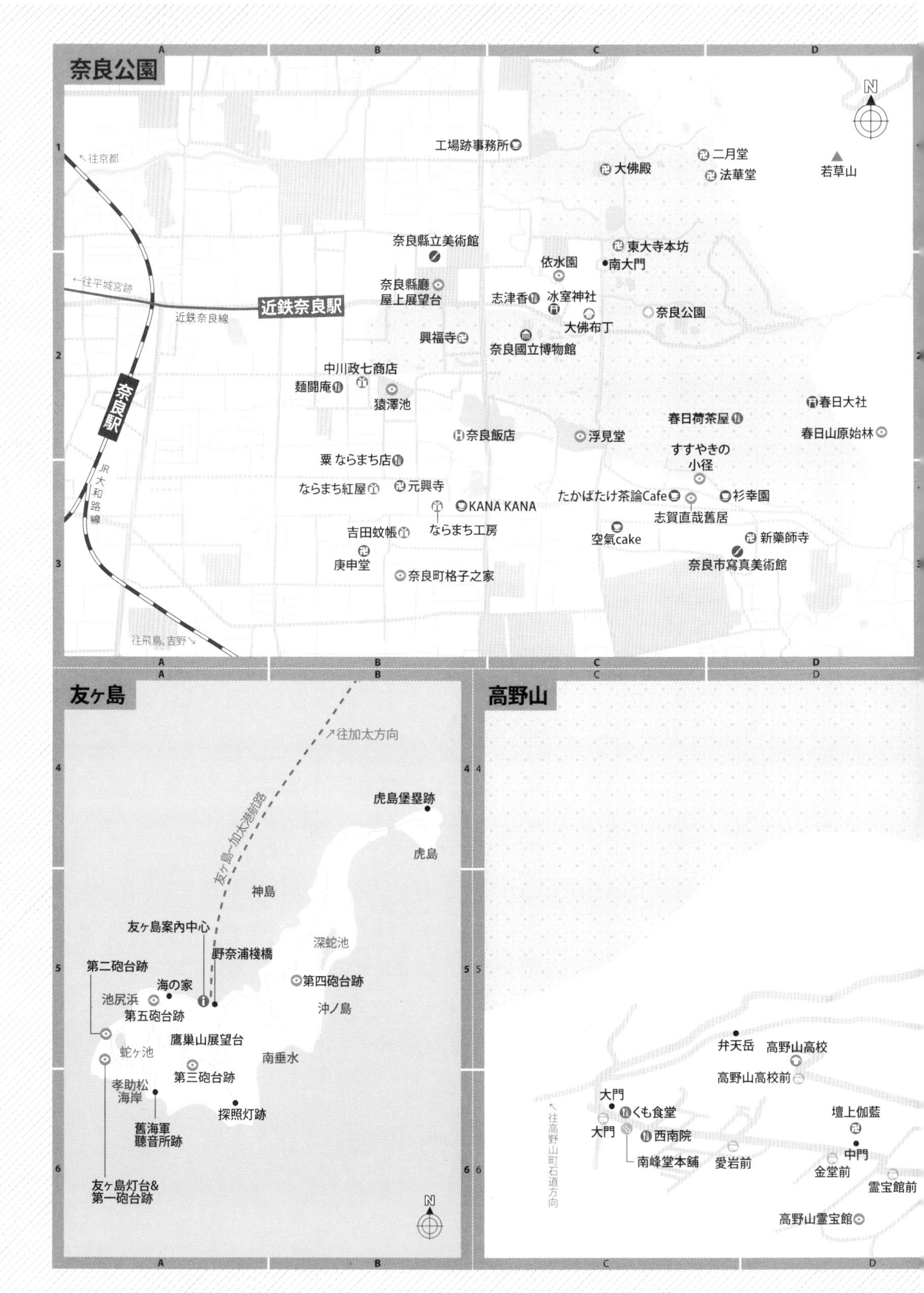

奈良公園
工場跡事務所
大佛殿
二月堂
法華堂
若草山
往京都
奈良縣立美術館
東大寺本坊
依水園
南大門
往平城宮跡
奈良縣廳
屋上展望台
志津香
冰室神社
奈良公園
近鉄奈良駅
近鉄奈良線
大佛布丁
興福寺
奈良國立博物館
中川政七商店
麺闘庵
猿澤池
奈良駅
春日大社
春日荷茶屋
春日山原始林
奈良飯店
浮見堂
すすやきの
小径
粟 ならまち店
JR
大和路線
ならまち紅屋
元興寺
KANA KANA
たかばたけ茶論Cafe
杉幸園
ならまち工房
志賀直哉舊居
吉田蚊帳
空氣cake
新薬師寺
庚申堂
奈良市寫真美術館
奈良町格子之家
往飛鳥、吉野
友ヶ島
往加太方向
友ヶ島~加太港航路
虎島堡塁跡
虎島
神島
友ヶ島案内中心
深蛇池
野奈浦桟橋
第二砲台跡
第四砲台跡
海の家
池尻浜
沖ノ島
第五砲台跡
鷹巣山展望台
蛇ヶ池
南垂水
第三砲台跡
孝助松
海岸
探照灯跡
舊海軍
聴音所跡
友ヶ島灯台&
第一砲台跡
高野山
弁天岳
高野山高校
高野山高校前
往高野山町石道方向
大門
くも食堂
壇上伽藍
大門
西南院
中門
南峰堂本舗
愛岩前
金堂前
霊宝館前
高野山霊宝館